KIIP

Korea Immigration & Integration Program

사회통합프로그램

사전평가

한권으로 합격하기

체류 비자변경 및 사회통합프로그램 단계 배정

- 한국어
- 한국문화
- 한국사회
- 구술시험

사회통합프로그램(KIIP)

01 사회통합프로그램(KIIP)이란

KIIP(Korea Immigration and Integration Program)은 '사회통합 프로그램'의 영문입니다.

① 사회통합프로그램이란 대한민국에 체류하는 이민자가 우리 사회 구성원으로 적응·자립하는 데 필요한 기본소양(한국어와 한국문화, 한국사회 이해)을 체계적으로 함양할 수 있도록 마련한 교육이다.
② 법무부장관이 지정한 운영기관에서 소정의 교육을 이수한 이민자에게 체류허가 및 영주권·국적 부여 등 이민정책과 연계한 혜택을 제공함으로써 참여자의 성취도를 높이고 교육효과를 극대화하여 이민자 사회통합정책의 핵심적인 역할을 수행하도록 한다.

02 참여 대상

① 사회통합프로그램 참여희망자 및 영주신청자 대상 종합평가 희망자
② 모든 이민자 및 국민이 희망에 따라 자율신청 가능한 자
③ 사회통합프로그램 한국어능력 등을 측정하여 자신의 수준에 맞는 교육단계 및 교육시간을 배정받고자 하는 자
④ 외국인등록증 또는 거소신고증을 소지한 합법 체류외국인 및 귀화자
　※ 단, 국적취득일로부터 3년이 경과한 귀화자 제외
⑤ 동포방문(C-3-8) 사증으로 입국하여 체류기간이 만료되지 않은 자
　※ 단, 동포방문(C-3-8) 소지자는 사전평가에 응시하여 단계 배정을 받더라도 외국인등록 전까지 교육 참여 불가

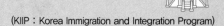
03 이수 혜택

① 귀화 신청 시 혜택(대상 : 한국귀화적격시험 이수완료자)

> 💡 '17. 8. 29. 개정된 국적법 시행령 및 동법 시행규칙에 따라 '18. 3. 1.부터
>
> (1) 귀화필기시험이 사회통합프로그램 귀화용 종합평가로 대체되어 실시되며,
> (2) 사회통합프로그램 한국이민귀화적격과정 이수완료자 중 귀화용 종합평가 합격자만 귀화
> 면접심사가 면제되는 것으로 변경
> (3) 귀화 신청시 혜택(대상 : 한국귀화적격시험 이수 완료자)
>
> | 순번 | 한국이민귀화적격과정
이수완료 혜택 구분 | '18.3.1. 이후 | |
> | --- | --- | --- | --- |
> | | | 평가합격 | 3회 수료 |
> | 1 | 귀화신청자 대상 귀화용
종합평가 합격 인정 | 인정 | 인정 |
> | 2 | 귀화면접심사 면제 | 인정 | × |
> | 3 | 국적심사 대기기간 단축 | 인정 | 인정 |

② 영주자격 신청 시 혜택
   ㉠ 한국어 능력 입증 면제
   ㉡ 실태조사 면제

③ 그 외 체류자격 신청 시 혜택
   ㉠ 가점 등 점수 부여
   ㉡ 한국어능력 등 입증 면제

④ 사증 신청 시 혜택
   • 한국어능력 등 입증 면제

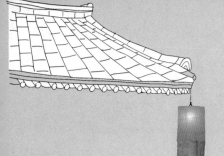

사회통합프로그램(KIIP)

04 교육과정

사전평가 또는 그 외 단계배정절차를 거쳐 자신의 수준에 맞는 교육단계부터 참여 가능

정규 교육(0단계~5단계)

1 **한국어와 한국문화(0단계~4단계)**

① 최대 415시간

② "한국어와 한국문화" 5개 과정(기초, 초급1, 초급2, 중급1, 중급2)을 자신의 수준에 맞는 단계부터 순차적으로 최대 415시간 교육

2 **한국사회이해(5단계)**

① 기본과정(70시간) : 영주자 등 장기체류 외국인에게 사회, 문화, 정치, 경제, 법, 역사, 지리 영역 전반에 걸쳐 한국생활에 필요한 기본 소양에 대하여 교육

② 심화과정(30시간) : 한국사회이해 기본과정 이수자를 대상으로 대한민국 국민으로서 갖추어야 할 국가 정체성, 국가안보, 통일, 외교, 헌법 가치 등을 종합적으로 교육

3 **과정 및 이수시간**

단계	한국어와 한국문화					한국사회 이해	
단계	0단계	1단계	2단계	3단계	4단계	5단계	
과정	기초	초급1	초급2	중급1	중급2	기본	심화
총 교육 시간	15시간	100시간	100시간	100시간	100시간	70시간	30시간
평가	없음	1단계 평가	2단계 평가	3단계 평가	중간 평가	영주용 종합평가	귀화용 종합평가
참고	• 5단계 심화과정은 기본과정 수료(수료인정 출석시간 수강) 후 참여 • 영주 신청자 대상 영주용 종합평가 합격자는 5단계 기본과정부터 수업에 참여하고 심화과정을 참여할 수 있음.						

05 사회통합프로그램 평가 개요

구분 \ 평가종류	사전평가	단계평가			중간평가	종합평가	
		1단계	2단계	3단계		영주용	귀화용
출제범위	1~5단계 수준	1단계	2단계	3단계	1~4단계	1~4단계 +5단계 (기본)	1~4단계 +5단계 (기본+심화)
시험시간(분)	70	40			60	70	70
총 문항 수	55	25			35	45	45
문항구성 필기 객관식	48	20			28	36	36
문항구성 필기 단답형	2	0			0	0	0
문항구성 필기 작문형*	0	0			2	4	4
문항구성 구술	5	5			5	5	5
평가성격	숙달도	성취도					

* 작문형은 통합하여 1문제로 출제

06 교육 운영

1 참여 신청

사회통합프로그램 참여 신청은 사회통합정보망(www.socinet.go.kr)에 회원가입 후 온라인으로 가능

※ 한국어능력시험(TOPIK)연계 등 사전평가 외 단계배정방법에 따라 단계배정을 받는 경우에는 회원가입만 하고 별도로 참여 신청을 하지 않더라도 연계 승인 시 자동으로 참여 신청이 됨.

사회통합프로그램(KIIP)

2 교육단계 배정

사전평가 또는 사전평가 외 단계배정 방법에 따라 자신의 수준에 맞는 교육단계를 배정받아 참여함을 원칙으로 함.

3 평가

사전평가

1. 신청 대상 및 유효기간
   ① 신청 대상
   - 외국인등록증 또는 거소신고증을 소지한 합법 체류외국인 또는 귀화자
     ※ 단, 국적취득일로부터 3년이 경과한 귀화자 제외
   - 동포방문(C-3-8) 사증으로 입국하여 체류기간이 만료되지 않은 사람
     ※ 단, 동포방문(C-3-8) 소지자는 사전평가에 응시하여 단계 배정을 받더라도 외국인등록 전까지 교육 참여 불가
   ② 신청 대상의 제한
   - 사전평가로 단계배정을 받아 교육에 참여 중인 사람
   - 이수정지일로부터 6개월 이내인 사람
   - 사회통합프로그램에 참여 중 제적되어 참여금지 중인 사람
   ③ 평가 면제 대상자
   - 0단계부터 참여 희망자
   - 유효한 한국어능력시험(TOPIK) 등급 보유자
   - 연계과정 통하여 중간평가 합격한 사람
   - 한국어능력 입증 후 결혼이민사증을 받아 입국한 결혼이민자
   ④ 기 단계배정자의 사전평가 응시 : 다음의 대상자는 본인이 희망할 경우 사전평가에 응시하여 새로운 교육단계를 배정받을 수 있음.
   - 이수정지일로부터 6개월이 경과한 사람
   - 사전평가로 단계 배정을 받았으나 교육에 참여하지 아니한 사람

- 사전평가를 거치지 않고 0단계 교육부터 참여 중인 사람
- 사전평가 외의 방법으로 단계 배정받아 교육 참여 중인 사람
  ※ 단, 위의 경우 사전평가 응시 이전 교육과정(이수 및 출석시간 등)은 무효 조치되며, 사전평가 결과가 현재 배정・참여 중인 교육 단계보다 낮은 경우에도 새로 배정받은 교육단계로 인정됨.

2. 평가 내용 : 한국어와 한국문화

3. 시험종류(총 55문항) : 필기시험(50문항), 구술시험(5문항)
   ① 시험

평가종류 \ 구분	문항유형	평가 항목	문항수 (총55문)	시험시간 (총70분)	배점 (총100점)
필기시험 (50문, 60분)	객관식	한국어	38	60분	75점 (50문×1.5점)
		문화	10		
	단답형	한국어	2		
구술시험 (5문, 10분)	읽기	한국어	1	10분	25점 (5문×5점)
	이해하기	한국어	1		
	대화하기	한국어	1		
	듣고 말하기	한국어	2		

② 답안지
- PBT(Paper Based Test) : 종이기반 평가로 OMR카드에 마킹하는 방식으로 진행
- CBT(Computer Based Test) : 컴퓨터기반 평가로 온라인 방식으로 진행

평가종류	문항유형	답안지	
		PBT	CBT
필기시험	객관식	OMR카드 마킹	컴퓨터로 답안 클릭
	단답형 주관식	OMR카드 뒷장에 직접 작성	컴퓨터 키보드를 이용하여 직접 입력
구술시험		구술채점표 작성	컴퓨터로 입력

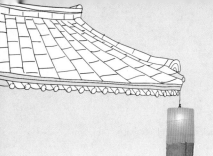

사회통합프로그램(KIIP)

③ **구술시험** : 읽기 · 이해하기 · 대화하기 · 듣고 말하기 등으로 구성되며, 구술감독관 2명이 응시자 5명을 동시평가한다.

4. 성적발표

• PBT 사전평가 : 평가일로부터 13일 후 16시 이후(연간 평가일정 참조)
• CBT 사전평가 : 평가일로부터 평일 기준 2일 후 16시 이후

5. 평가 결과 및 유효기간

• 유효기간 : 결과발표일로부터 2년간 유효
• 평가 결과 점수별 단계 배정(소수점 이하 절사)

단계	0	1	2	3	4	5
점수	0~2점 ※ 구술 3점 미만자 (필기 점수 무관)	3~ 20점	21~ 40점	41~ 60점	61~ 80점	81~ 100점

※ 사전평가 85점 이상 득점자는 유효기간 내에 교육 참여 없이 영주 신청자 대상 종합평가 응시 가능. 단, 합격하더라도 이수완료로는 인정되지 않고 영주 기본소양 조건 충족으로만 인정

6. 시험방식

PBT(Paper Based Test)

① 응시자는 접수한 평가일자와 평가장에서만 응시할 수 있으며, 타 지역 또는 타 평가장에서는 응시할 수 없음.
② 입실 가능 시간은 12시 부터이며, 12시 30분까지는 반드시 입실을 해주시기 바랍니다. 평가 당일 12시 30분까지 필기시험실의 지정된 좌석에 앉아 감독관의 지시에 따라야 함.
③ 신분증(외국인등록증, 주민등록증, 여권, 국내발급 운전면허증, 사진 부착된 체류허가확인서)을 지참하지 않은 경우 평가에 응시할 수 없으며, 응시료 환불 불가함.
④ 평가 시간 중에는 화장실을 이용할 수 없으므로 이 점 유의할 것

⑤ 답안지의 모든 표기 사항은 평가 당일 감독관이 지급하는 컴퓨터용 사인펜으로만 작성해야 함.

⑥ 응시자는 올바른 OMR 답안지 기재 방법을 숙지하여 답안을 작성해야 함.

　※ 잘못된 필기구 사용과 답안지의 불완전한 마킹으로 인한 답안 작성 오류는 응시 자 본인에게 책임이 있음.

⑦ 평가 종료 후 감독관의 지시가 있을 때까지 퇴실할 수 없으며, 지급된 모든 문제지 와 답안지는 반드시 제출해야 함.

CBT(Computer Based Test)

① 응시자는 접수한 평가일자와 CBT센터에서만 응시할 수 있으며, 타 지역 또는 타 CBT센터에서는 응시할 수 없음.

② 응시자는 평가 당일 시험 시작 20분 전까지 입실. 평가 당일 감독관의 안내에 따라 배정된 좌석에 앉아 감독관의 지시에 따라야 함.

　※ 입실 마감 이후 입실 불가

③ 신분증(외국인등록증, 주민등록증, 여권, 국내발급 운전면허증, 사진 부착된 체류 허가확인서)을 지참하지 않은 경우 평가에 응시할 수 없으며, 응시료 환불 불가

④ CBT 객관식 시험 답안은 화면에 나오는 문항번호를 클릭하거나 오른쪽에 보이는 해당 문제 번호를 클릭하여 입력할 수 있음.

　※ 개인 부주의로 입력되지 않은 문항에 대한 책임은 응시자 본인에게 있음.

⑤ CBT 주관식 시험 답안(작문 포함)은 키보드를 이용하여 직접 입력할 수 있음.

　※ 응시 방식을 숙지할 것

⑥ 응시자의 답변(필기, 구술)은 공정하고 표준화된 방법으로 모두 파일로 저장됨.

사회통합프로그램(KIIP)

⑦ 평가 당일 예상치 못한 시스템 및 통신 장애 등의 상황으로 시험 진행이 불가능할 경우, PBT(Paper Based Test)로 전환하여 시행됨(단, PBT 전환 응시를 원치 않을 경우 응시료 전액 환불 가능).

⑧ 평가 종료 후, 감독관의 지시가 있을 때까지 퇴실할 수 없으며 제출 완료된 답안지는 수정할 수 없음.

종합평가(KIPRAT / KINAT)

1. 평가 대상

① 영주용 종합평가(KIPRAT)

　㉠ 사회통합프로그램 5단계 기본과정(70시간) 수료자

　㉡ 사회통합프로그램 5단계 기본과정(70시간)을 수료하지 않았으나, 사전평가 85점 이상 득점한 날로부터 2년 이내인 사람

② 귀화용 종합평가(KINAT)

　㉠ 사회통합프로그램 5단계 전체과정(기본+심화)을 수료한 사람

　　※ 단, '16. 7. 17. 전 반복수료에 의한 이수완료자는 심화과정을 수료하지 않더라도 응시 가능

　㉡ '18. 3. 1. 이후 귀화허가를 신청(접수)한 사람

　　※ 귀화허가 신청(접수)일로부터 1년 내 응시 가능

2. 평가 내용

① **영주용 종합평가** : 한국사회이해 기본과정의 참여자 및 영주자격을 신청하려는 사람을 대상으로 한국어와 한국문화, 한국사회이해 정도 등 기본소양을 충분히 갖추었는지를 측정하기 위함.

② **귀화용 종합평가** : 한국사회이해 심화과정의 참여자 및 귀화허가를 신청한 사람을 대상으로 한국어와 한국문화, 한국사회이해 정도 등 기본소양을 충분히 갖추었는지를 측정하기 위함.

3. 평가 방법

① 시험 내용

- PBT(Paper Based Test) : 종이기반 평가로 OMR카드에 마킹하는 방식으로 진행(영주용, 귀화용)
- CBT(Computer Based Test) : 컴퓨터기반 평가로 온라인 방식으로 진행(귀화용)

평가 종류	문항 유형	문항 수 (총 45문항)	시험시간 (총 70분)	배점 (총 100점)	답안지 유형
필기시험 (40문항, 60분)	객관식	36문항	50분	65점*	OMR카드
	작문형	4문항	10분	10점 (4문×2.5점)	200자 원고지
구술시험 (5문항, 10분)	구술형	5문항	10분	25점 (5문×5점)	구술채점표

* 객관식 배점 구분(변경될 수 있음)
- 영주용 종합평가 : 14문×1.5점, 22문×2점
- 귀화용 종합평가 : 7문×1점, 29문×2점

② 작문형

ㄱ 제시된 주제에 따라 200자 이내로 작성하며, 4문제를 1문제로 통합 제시

ㄴ 작성 요령 : 제시되는 주제나 관련 내용에 대해 묻는 문제이며, 답은 주어지는 200자 원고지 1장에 작성하게 된다. 작성할 때 제목은 쓰지 않고, 해당 답만 적으면 된다.

③ 구술시험

ㄱ 말하기, 설명하기, 대화하기 등으로 구성되며, 구술감독관 2명이 응시자 2명을 동시평가(2:2)

ㄴ 수험생에게 사진과 같은 그림이나 지문만 주어지고, 구술시험관에게는 따로 질문이 주어진다. 5문항을 묻고 답하기 형식으로 진행되며, 한 문항당 '우수함(5점), 매우 양호함(4점), 양호함(3점), 부족(2점), 매우 부족(1점), 불가능(0점)'으로 평가된다. 질문 내용을 얼마나 잘 이해하고, 정확한 발음으로 잘 말하는 지에 따라 평가 점수가 달라진다.

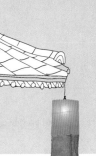

사회통합프로그램(KIIP)

4. 평가 결과 조치

① 영주용 종합평가

　㉠ 합격점수 : 100점 만점에 60점 이상 득점(소수점 이하 절사)

　　※ 평가신청 후 결시한 경우 불합격

　㉡ 합격 혜택

　　• 사회통합프로그램 5단계 기본과정 수료한 사람

　　　- 영주용 이수완료 : 인정

　　　- 영주 기본소양요건 충족 : 인정

　　• 사회통합프로그램 5단계 기본과정을 수료하지 않았으나, 사전평가에서 85점 이상 득점한 날로부터 2년 이내인 사람

　　　- 영주용 이수완료 : 미인정*

　　　- 영주 기본소양요건 충족 : 인정

　　※ 단, 영주용 종합평가 합격자가 사회통합프로그램 5단계 기본과정을 수료할 경우, 별도 평가 없이 영주용 이수완료 인정

② 귀화용 종합평가

　㉠ 합격점수 : 100점 만점에 60점 이상 득점(소수점 이하 절사)

　　※ 평가신청 후 결시한 경우 불합격

　㉡ 합격 혜택

　　• 사회통합프로그램 5단계 전체과정을 수료한 사람

　　　- 귀화용 이수완료 : 인정

　　　- 영주 기본소양요건 충족 : 인정

　　　- 귀화 신청자 대상 귀화용 종합평가 합격: 인정

　　　- 귀화면접심사 면제: 인정

　　• '18. 3. 1. 이후 귀화허가 신청한 사람(5단계 전체과정 미수료자)

　　　- 귀화용 이수완료 : 미인정

　　　- 영주 기본소양요건 충족 : 인정

　　　- 귀화면접심사 면제 : 미인정

애 국 가

보통빠르게

안익태 작곡

1. 동 해 물 과 백 두 산 이 마 르 고닳 도 록,
2. 남 산 위 에 저 소 나 무 철 갑 을 두 른 듯,
3. 가 을 하 늘 공 활 한 데 높 고 구 름 없 이,
4. 이 기 상 과 이 맘 으 로 충 성 을 다 하 여,

하 느 님 이 보 우 - 하 사 우 리 나 라 만 세.
바 람 서 리 불 변 - 함 은 우 리 기 상 일 세.
밝 은 달 은 우 리 - 가 슴 일 편 단 심 일 세.
괴 로 우 나 즐 거 - 우 나 나 라 사 랑 하 세.

(후렴)무 - 궁 화 삼 - 천 리 화 려 강 - 산,

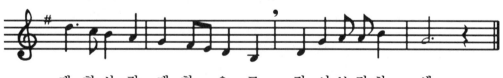

대 한 사 람 대 한 - 으 로 길 이 보 전 하 세.

차 례

Contents

KIIP
사회통합
프로그램
사전평가

이민자 사회통합프로그램
기본소양 평가

사전평가 객관식 필기시험
(샘플문항)

문제지 유형 : A 형

(1) 외국인등록번호(Registration No.) :　　　　　　　　　－

(2) 영문 성명(Name) :

※ 유의사항(Information)

1. 객관식 1번부터 48번까지의 정답은 OMR 카드 답안지의 문항별 해당 번호에 검정색 사인펜으로 색칠(예 : ❶②③④)하시기 바랍니다.

2. 주관식은 OMR 카드 뒷면의 해당번호 아래 빈칸에 작성하여 주시기 바랍니다.

3. 시험시간은 60분입니다.

KIIP
사회통합프로그램
사전평가

기본소양 평가
사전평가 샘플문항

이민자 사회통합프로그램(KIIP) 기본소양 평가

* 정답은 반드시 OMR 카드 답안지에 기입하시오.

[1~2] 다음 질문에 답하시오.

1 이것은 무엇이에요?

❶ 가방　　　② 연필
③ 지갑　　　④ 시계

2 다음 (　)에 들어갈 알맞은 것은?

> 자야 씨는 몽골(　　) 왔어요.

① 이　　　　② 을
❸ 에서　　　④ 하고

2 사전평가 필기시험 샘플문항

[3~4] 다음 〈보기〉를 참고하여 밑줄 친 부분과 의미가 <u>반대</u>인 것을 고르시오.

보기

가 : 방에 책상이 <u>있어요</u>?

나 : 아니요. (   ).

❶ 없어요   ② 많아요   ③ 적어요   ④ 좋아요

3

가 : 커피를 <u>좋아해요</u>?

나 : 아니요. 저는 커피를 (   ).

① 마셔요   ② 기다려요

③ 미워해요   ❹ 싫어해요.

4

가 : 가방이 <u>무거워요</u>?

나 : 아니요. (   ).

① 짧아요   ② 예뻐요

❸ 가벼워요   ④ 멋있어요

[5~6] 다음 (   )에 알맞은 것을 고르시오.

5

신용카드를 잃어버려서 은행에 (   ) 신고를 했어요.

① 주문   ❷ 분실

③ 복사   ④ 안내

6

저는 주말에는 (   ) 가족들하고 시간을 보내요.

❶ 보통   ② 금방

③ 아까   ④ 이따가

[7 ~ 8] 다음 밑줄 친 부분과 의미가 <u>반대</u>인 것을 고르시오.

7

> 가 : 대학교를 <u>졸업하면</u> 취직할 거예요?
> 나 : 아니요. 저는 대학원에 (   ) 거예요.

① 이용할   ❷ 입학할
③ 참가할   ④ 양보할

8

> 가 : <u>따뜻한</u> 차 드릴까요?
> 나 : 아니요. 그냥 (   ) 물 한 잔 주세요.

① 추운   ② 맑은
❸ 차가운   ④ 미끄러운

[9 ~ 10] 다음 (   )에 알맞은 것을 고르시오.

9

> 결혼을 하면 주민센터나 구청에 가서 (   )를 해야 해요.

① 출생 신고   ❷ 혼인 신고
③ 개명 신고   ④ 분실 신고

10

> 그 회사에 지원하려면 이번 주 금요일까지 인터넷으로 서류를 (   ) 해요.

① 모집해야   ② 개발해야
③ 복사해야   ❹ 접수해야

[11 ~ 12] 다음 (   )에 알맞은 것을 고르시오.

11

한국에 처음 왔을 때는 허리를 굽혀 인사하는 것이 어색했는데 이제는 (   ).

❶ 익숙해요   ② 지루해요
③ 시원해요   ④ 아쉬워요

12

옷을 입을 때 너무 유행을 따르지 말고 자신만의 (   )을 살리는 것이 좋다.

① 자격   ❷ 개성
③ 규칙   ④ 적성

[13 ~ 14] 다음 〈보기〉를 참고하여 밑줄 친 부분과 의미가 비슷한 것을 고르시오.

보기

가 : 와! 단풍이 예쁘네요.
나 : 네. 가을이어서 경치가 정말 (   ).
① 나빠요   ② 어두워요   ③ 비슷해요   ❹ 아름다워요

13

가 : 물가가 많이 올라서 뭐든지 아껴 쓰지 않으면 생활하기가 힘들어요.
나 : 네. 월급에 맞춰 생활하려면 (   ) 방법밖에 없죠.

❶ 절약하는   ② 오해하는
③ 연기하는   ④ 염려하는

14

가 : 교통사고가 났을 때 어떻게 하면 빠르게 해결할 수 있어요?
나 : 보험회사에 전화하면 (   ) 처리해 줄 거예요.

① 공정하게   ② 심각하게
③ 정직하게   ❹ 신속하게

[15 ～ 18] 다음 ( )에 알맞은 것을 고르시오.

15

가 : 오늘 오후에 뭐 해요?
나 : 친구하고 공원에서 자전거를 (   ).

① 타세요 　　　　　　　　② 탔어요
❸ 탈 거예요 　　　　　　　④ 타지 마세요

16

가 : 안녕하세요? 비자를 (   ) 왔는데요.
나 : 네. 여기 신청서부터 써 주세요.

① 연장했고 　　　　　　　❷ 연장하러
③ 연장해서 　　　　　　　④ 연장했으니까

17

가 : 버스를 타고 갈까요? 지하철을 타고 갈까요?
나 : 아침에는 차가 많이 (   ) 지하철을 탑시다.

① 막히고 　　　　　　　　② 막혀서
❸ 막히니까 　　　　　　　④ 막히거나

18

가 : 내일 친구 결혼식이 있는데 무슨 옷을 입어야 돼요?
나 : 한국에서는 결혼식에 (   ) 보통 정장을 입어요.

❶ 갈 때 　　　　　　　　② 가고
③ 가지만 　　　　　　　④ 간 후에

[19 ~ 20] 다음 (   )에 알맞은 것을 고르시오.

19

> 가 : 이 구두 사고 싶은데 괜찮아요?
> 나 : 네. 흐엉 씨한테 잘 어울릴 것 같은데 한번 (   ).

① 신어 보려고 해요　　　　　❷ 신어 보세요
③ 신어 보고 있어요　　　　　④ 신어 본 적이 있어요

20

> 가 : 오늘 모임에 좀 늦게 (   )?
> 나 : 아니요. 일찍 오세요.

❶ 가도 돼요　　　　　　　② 갔어요
③ 가게 되었어요　　　　　④ 갈 것 같아요

[21 ~ 22] 다음 (   )에 알맞은 것을 고르시오.

21

> 가 : 저는 공항이나 호텔에서 일하고 싶은데 어떤 준비를 해야 할까요?
> 나 : 공항이나 호텔에 (   ) 외국어를 잘해야 돼요.

① 취업해도　　　　　　　❷ 취업하려면
③ 취업하는지　　　　　　④ 취업하자마자

22

> 가 : 오늘 공연 어땠어요? 저는 기대를 많이 했는데 생각보다 재미없네요.
> 나 : 네, 너무 지루했어요. 다른 공연을 (   ).

① 보더라고요　　　　　　② 볼 만했어요
❸ 볼 걸 그랬어요　　　　④ 보는 척 했어요

[23 ～ 24] 다음 밑줄 친 부분이 틀린 것을 고르시오.

23 ① 며칠 야근해서 <u>피곤할 텐데</u> 일찍 들어가서 쉬세요.

    ② 약속 날짜를 <u>잊어버릴까 봐</u> 수첩에 메모해 놓았어요.

    ③ 쿤 씨는 한국인이라고 해도 <u>믿을 정도로</u> 한국말을 잘해요.

    ❹ 제주도는 경치도 <u>아름다운 데다가</u> 날씨도 좀 안 좋아요.

24 ❶ 그 사람은 돈이 많으면서도 <u>부자인 척해요</u>.

    ② 과장님이 금요일에 회식을 <u>할 거라고</u> 하셨어요.

    ③ 아침에 늦게 일어나서 택시를 <u>탈 수밖에</u> 없었어요.

    ④ 친구들하고 생일파티를 하느라고 돈을 다 <u>써 버렸어요</u>.

[25 ～ 26] 다음 (　　)에 알맞은 것을 고르시오.

25

가 : 아이들을 데리고 갈 만한 유적지가 있으면 추천 좀 해 주세요.
나 : 경주가 역사가 깊으니까 아이들하고 (　　　　　　) 좋을 거예요.

  ① 둘러보도록   ❷ 둘러보기에

  ③ 둘러봤더라면   ④ 둘러본다니까

26

가 : 오늘 쿤 씨가 왜 이렇게 실수를 많이 하죠?
나 : 그러게요. 어제 발표 준비를 많이 (　　　　　).

  ❶ 못 했나 봐요   ② 못 하게 해요

  ③ 못 한 셈이에요   ④ 못 할 뻔했어요

[27 ~ 28] 다음 밑줄 친 부분이 틀린 것을 고르시오.

27 ① 끝까지 <u>포기하지 않는다면</u> 꿈을 이룰 수 있어요.

② 사과가 아주 <u>싸길래</u> 몇 개 샀는데 맛이 별로 없네요.

③ <u>직장인치고</u> 스트레스를 받지 않는 사람은 없을 거예요.

❹ 다음 주에 시험을 <u>보더니</u> 학생들이 열심히 공부합니다.

28 ❶ 조금 전에 처음으로 공원에서 <u>산책하곤 했어요</u>.

② 옆집에 손님이 많이 오는데 가족모임을 <u>하나 봐요</u>.

③ 이번에 새로 들어온 사원은 얼마나 <u>성실한지 몰라요</u>.

④ 아이가 공부를 안 해서 잔소리를 <u>안 할래야 안 할 수가 없어요</u>.

[29 ~ 30] 다음을 읽고 ㉠에 알맞은 것을 고르시오.

29

> 오늘 베트남에서 흐엉 씨 부모님이 오셨습니다. 흐엉 씨는 아침 일찍 공항에 부모님을 (㉠) 갔습니다. 오전 10시쯤 비행기가 도착했습니다. 흐엉 씨는 부모님을 만난 후에 같이 호텔에 갔습니다. 호텔에 가서 가방을 놓고 조금 쉬었습니다. 그 후에 근처 식당에 가서 점심을 먹었습니다.

① 배우러   ② 보내러

❸ 만나러   ④ 생각하러

30

> 우리 가족은 남편, 저, 아들 이렇게 모두 세 명입니다. 제 남편은 회사원인데 매우 (㉠). 매일 아침 6시에 일어나서 운동을 하고 집 앞 청소를 합니다. 그 후에 아침 식사를 하고 회사에 갑니다. 주말에도 일찍 일어나서 집안일도 도와주고 아들과 놀아 줍니다.

① 느립니다   ② 한가합니다

③ 시끄럽습니다   ❹ 부지런합니다

[31 ~ 32] 다음을 읽고 ㉠에 알맞은 것을 고르시오.

31

이번에 학교 문화 체험으로 봉은사에서 템플스테이를 하게 되었다. 아침에 봉은사에 도착해서 짐을 풀고 법복으로 갈아입었다. 함께 사찰을 순례한 후에는 108배를 했다. 마지막에 다리가 풀려서 넘어질 뻔했지만 힘을 내서 끝까지 했다. 그런 후에 발우공양을 했다. 발우공양은 식사 때 음식을 남기지 않고 다 먹은 후에 빈 그릇에 물을 따라서 마시는 것을 말한다. 그 다음은 명상 시간이었다. 눈을 감고 앉아서 나 자신에 대해서 (㉠   ) 뭔지 모를 감동이 밀려왔다.

① 자세히 들어 보니   ② 충분히 자랑해 보니
❸ 곰곰이 생각해 보니   ④ 솔직히 이야기해 보니

32

집을 구하는 사람들은 조건이 좋은 집을 찾으면 급한 마음에 계약부터 하려고 한다. 하지만 살면서 후회하지 않으려면 계약 전에 확인해야 할 것이 있다. 우선 집을 보러 갔을 때에는 (㉠   ) 꼼꼼하게 확인한다. 집 안의 경우 햇볕이 잘 들어오는지, 문과 창문이 잘 열리는지, 난방·수도·전기 시설이 잘 되어 있는지 등을 봐야 한다. 집 주변의 경우 주변에 시장이나 마트, 은행, 병원이 있는지, 버스 정류소나 지하철역까지 얼마나 걸리는지 등을 확인한다. 또한 전·월세 계약자의 경우 계약을 하기 전에 집의 실제 소유자가 누구인지, 은행에 빚이 있는지를 확인해야 한다.

① 집을 구하는 방법을   ② 전·월세 계약 조건을
③ 실제 소유자의 연락처를   ❹ 집 안과 집 주변 환경을

[33 ~ 34] 다음을 읽고 질문에 답하시오.

33 ㉠이 가리키는 것은?

이번 주 일요일은 남편 생일입니다. 그래서 저는 어제 아이하고 백화점에 선물을 사러 갔습니다. 백화점에 사람들이 정말 많았습니다. 남편은 파란색을 좋아합니다. 그래서 저는 파란색 넥타이를 샀습니다. 남편이 ㉠이것을 받으면 아주 좋아할 겁니다. 집에 와서 아이하고 생일 축하 카드도 썼습니다.

① 생일   ② 카드
❸ 넥타이   ④ 백화점

34 위 글의 내용과 같은 것은?

① 저는 일요일에 선물을 살 겁니다.

❷ 남편한테 파란색 넥타이를 줄 겁니다.

③ 저는 어제 남편하고 백화점에 갔습니다.

④ 아이는 저에게 축하 카드를 써 주었습니다.

[35 ~ 36] 다음을 읽고 질문에 답하시오.

35 아래 글의 내용과 같은 것은?

> 저는 운동하는 것을 싫어합니다. 그리고 매일 늦게까지 텔레비전을 봐서 아침에 일어나는 것이 많이 힘듭니다. 그래서 항상 피곤하고 감기도 자주 걸립니다. 이제부터 저는 건강을 위해서 생활 습관을 바꿀 겁니다. 먼저 일찍 자고 일찍 일어날 겁니다. 가까운 곳은 걸어서 다니고 일주일에 두 번 이상 운동을 할 겁니다.

❶ 저는 감기에 걸릴 때가 많습니다.　② 저는 날마다 아침 일찍 일어납니다.

③ 저는 앞으로 매일 운동을 할 겁니다.　④ 저는 텔레비전 보는 것을 싫어합니다.

36 아래 글의 내용과 같은 것은?

> 제 고향은 베트남 호치민입니다. 한국과 우리 고향은 날씨가 많이 다릅니다. 한국은 사계절이 있어서 계절마다 날씨가 바뀝니다. 하지만 호치민은 비가 오는 우기와 비가 오지 않는 건기가 있습니다. 그리고 1년 내내 여름처럼 덥습니다. 한국은 겨울에 날씨가 춥고 눈도 많이 옵니다. 저는 한국에 와서 눈을 처음 봤습니다. 눈이 오는 날 가족들과 눈사람을 만들고 눈싸움도 했습니다. 아주 즐거웠습니다.

❶ 제 고향은 우기와 건기가 있습니다.

② 한국은 제 고향하고 날씨가 비슷합니다.

③ 고향에서 겨울에 눈사람을 만들었습니다.

④ 제 고향은 겨울에 춥고 눈이 많이 옵니다.

[37 ~ 38] 다음을 읽고 질문에 답하시오.

37 아래 글의 중심 내용으로 알맞은 것은?

> 음식 중에서 함께 먹으면 몸에 좋고 맛도 좋은 것이 있다. 이를 남녀의 궁합에 비유해서 궁합이 맞는 음식이라고 한다. 예를 들면 돼지고기와 새우젓은 예로부터 잘 어울리는 음식으로 유명하다. 새우젓에 있는 '리파아제'는 지방을 분해해서 기름진 돼지고기의 소화를 도와주기 때문이다. 궁합이 좋은 음식은 같이 먹으면 맛뿐만 아니라 영양학적으로도 서로 도움이 된다.

① 음식의 맛도 영양만큼 중요하다.
② 남녀에 따라 몸에 좋은 음식이 다르다.
③ 지방이 많은 음식은 적당히 먹어야 한다.
❹ 궁합이 맞는 음식을 같이 먹는 것이 좋다.

38 아래 글의 제목으로 알맞은 것은?

> 누구나 직장 생활을 잘하고 싶어 한다. 하지만 마음대로 안 되는 것 중에 하나가 바로 직장 생활이다. 그렇다면 직장 생활을 잘하려면 어떻게 해야 할까? 우선 직장 생활을 잘하기 위해서는 근무 태도가 좋아야 한다. 무슨 일이 있더라도 늦지 않는 것이 중요하다. 출근 시간에 1분, 2분 늦는 모습을 자주 보이면 자기 관리를 못 하는 사람으로 생각될 것이기 때문이다. 또한 근무 시간에는 인터넷을 하거나 업무 이외의 일을 하면 안 된다.

❶ 직장 생활을 잘하는 방법 　　② 좋은 직장에 들어가는 방법
③ 직장 스트레스를 줄이는 방법 　　④ 직장 업무를 빨리 배우는 방법

[39 ~ 40] 다음 질문에 답하시오.

39 한국의 행정 구역 중 광역시가 <u>아닌</u> 도시는?

① 인천 　　② 대구
③ 부산 　　❹ 제주

40 두 사람의 인사말로 서로 맞지 <u>않는</u> 것은?

① 가 : 미안합니다
    나 : 괜찮아요.

② 가 : 고맙습니다.
    나 : 아니에요.

③ 가 : 맛있게 드세요.
    나 : 네. 잘 먹겠습니다.

❹ 가 : 안녕히 주무셨어요?
    나 : 네. 안녕히 주무세요.

[41 ~ 44] 다음 질문에 답하시오.

41 한국에서 아기의 백일잔치에 준비하는 음식은?

① 팥죽
② 국수
③ 떡국
❹ 백설기

42 한국에서 집들이를 갈 때 흔히 주는 선물은?

① 케이크
② 금반지
③ 선풍기
❹ 휴지나 세제

43 한국의 전통 음악은?

① 한옥
② 한식
③ 국화
❹ 국악

44 한국의 유네스코 세계유산으로 맞지 <u>않는</u> 것은?

① 제주화산섬
❷ 한강시민공원
③ 해인사 장경판전
④ 석굴암 · 불국사

[45 ~ 46] 다음 질문에 답하시오.

45 한국의 명절 음식과 그 의미로 맞지 <u>않는</u> 것은?

① 팥죽 : 붉은 색이 잡귀를 쫓아낸다.

② 떡국 : 긴 떡처럼 무병장수를 기원한다.

❸ 송편 : 한 해 농사가 잘 되기를 기원한다.

④ 부럼 : 한 해 동안 피부병이 생기지 않도록 한다.

46 한국의 선거에 대한 설명으로 맞지 <u>않는</u> 것은?

① 18세 이상의 국민에게 대통령 투표권이 주어진다.

❷ 대통령은 국회에서 선출한다.

③ 대통령 선거는 5년에 한 번, 국회의원 선거는 4년에 한 번씩 한다.

④ 선거비용은 중앙선거관리위원회가 공시한 범위 안에서 사용하도록 한다.

[47 ~ 48] 다음 질문에 답하시오.

47 아래 글의 내용과 같은 것은?

> 어느 나라든지 취업을 위해서는 면접은 빼 놓을 수 없는 과정이다. 그래서 면접 과정은 나라마다 비슷한 점도 있고 다른 점도 있을 수 있다. 하지만 한국만의 면접 문화를 꼽자면 다음과 같은 몇 가지를 이야기할 수 있다. 먼저 한국의 면접관들은 그 사람이 얼마나 능력이 있는 사람인지 볼 뿐만 아니라 그 사람이 다른 직원들과 잘 어울릴 수 있는 사람인지도 본다. 따라서 자기 요구 사항만 길게 말하는 것보다는 회사 사정에 자신을 맞출 준비가 되어 있음을 설명하는 것이 좋다. 또한 윗사람에게 예의를 지키는 모습을 행동으로 보여 줄 필요가 있는데 그것이 바로 면접장에 들어가고 나올 때 고개를 숙여 인사하는 것이다.

① 한국의 면접 문화도 다른 나라와 특별히 다를 것이 없다.

② 면접을 볼 때 자기 요구 사항은 분명하게 말하는 것이 좋다.

❸ 면접관들은 면접받는 사람이 다른 직원들과 잘 어울릴 수 있는지를 중시한다.

④ 회사 사정에 자신을 맞추려고 하는 모습은 좋지 않게 보일 수 있다.

48 아래 글의 주제로 알맞은 것은?

> 한국에서는 에너지 절약을 위해 먼저 공공 기관이 앞장서고 있다. 여름철에는 에너지 절약을 위해 냉방 온도를 26도로 유지하거나 냉방기를 30분 켠 후에 30분 끄는 순차 가동을 하고 있다. 또한 특정 지자체에서는 '1인 1부채 운동'을 실시하고 있고 근무 중에 '넥타이 안 매기 운동'을 실시하는 곳도 있다. 겨울철에는 자치단체의 난방 온도를 18도로 유지하며 '내복 입기 캠페인'을 벌이고 있는 곳도 있다. 이 밖에도 석유 에너지 절약과 대기 오염을 줄이기 위해 대부분의 공공 기관은 '승용차 요일제'를 실시하여 직원들이 일주일에 하루는 대중교통을 이용하여 출퇴근하도록 하고 있다.

① 전기 에너지 부족 현상과 원인
❷ 공공기관의 에너지 절약
③ '승용차 요일제' 실시에 따른 문제점
④ 지자체의 대기오염 방지 캠페인 실시

[49 ~ 50] 다음을 읽고 (   )에 알맞은 것을 쓰시오.

49

> 가 : 이번 연휴에 제주도에 간다고 했죠? 비행기 표는 예매했어요?
> 나 : 아니요. 어제 여행사에 물어보니까 요즘 휴가철이어서 표가 (   ).
> 가 : 그래요? 좀 더 일찍 예매할 걸 그랬네요.

→ 없다고 하네요

50

> 가 : 영호 씨, 취직 축하해요. 회사는 다닐 만해요?
> 나 : 아니요. 업무도 잘 모르고 인간관계도 힘들고 생각보다 쉽지 않네요. 회사에 다니기 전에는 직장 생활이 이렇게 (   ).
> 가 : 처음이라 그렇죠. 조금 지나면 괜찮을 거예요.

→ 어려운지 몰랐어요 / 힘든지 몰랐어요

사전평가 구술시험(샘플문항)

※ 질문 내용은 제외한 지문만 수험생에게 제공됨.
 (질문 내용은 견본과 비슷한 유형으로 변경가능하며 평가 감독관에게만 제공됨.)

※ 구술감독관의 지시에 따라 다음 글을 소리 내어 읽으신 후 질문에 답하여 주시기 바랍니다.

> 지난 주말에 가족들과 인천 월미도에 다녀왔습니다. 집에서 월미도까지 자동차로 한 시간 반쯤 걸렸습니다. 우리는 월미도에서 바다를 구경하고 생선회를 먹었습니다. 그리고 테마파크에서 놀이기구를 탔습니다. 조금 무서웠지만 정말 재미있었습니다. 우리는 테마파크에서 가족사진을 찍고 기념품도 샀습니다. 아주 즐거웠습니다.

01 위의 글을 소리 내어 읽어 보세요.

02 이 가족은 월미도에 무엇을 타고 갔으며 시간은 얼마나 걸렸나요?

 → 자동차 / 한 시간 반쯤(1시간 30분쯤)

03 ○○씨는 한국에서 가보고 싶은 곳이 있어요? 왜 거기에 가고 싶어요?

04 한국의 대표적인 명절인 설날에 즐겨 먹는 음식은 무엇이고, 그 음식에 담긴 의미와 특징을 설명해 보세요.

 → 떡국 – 긴 떡처럼 무병장수를 기원하는 의미가 있습니다.

05 ○○ 씨가 해 보았던 봉사 활동이 있나요? 배운 점이나 힘든 점은 무엇이었나요? (해보지 않았다면, 앞으로 해보고 싶은 봉사활동이 있다면 어떤 것인가요? 왜 그걸 해 보고 싶은가요?)

01

한국어와 한국문화

KIIP
사회통합프로그램
사전평가

Chapter 01 한국어 기초

01 한국어 기초

1 모음(Vowels)

기본 모음은 10개로 하늘, 땅, 사람의 모양을 나타내는 기본 글자 'ㆍ, ㅡ, ㅣ'를 결합하여 만들었다.

(1) 모음과 모음의 이름

모음	ㅏ	ㅑ	ㅓ	ㅕ
이름	아	야	어	여
모음	ㅗ	ㅛ	ㅜ	ㅠ
이름	오	요	우	유
모음	ㅡ	ㅣ		
이름	으	이		

(2) 읽어 보세요.

① 아야[aya]　　② 아우[au]　　③ 아이[ai]

④ 우유[uyu]　　⑤ 오이[oi]　　⑥ 유아[yua]

(3) 써 보세요.

ㅏ	ㅑ	ㅓ	ㅕ	ㅗ
ㅏ	ㅑ	ㅓ	ㅕ	ㅗ
ㅛ	ㅜ	ㅠ	ㅡ	ㅣ
ㅛ	ㅜ	ㅠ	ㅡ	ㅣ

2 자음(Consonants)

기본 자음은 14개로 발음 기관의 모양을 본떠서 만들었다.

(1) 자음과 자음의 이름

자음	ㄱ	ㄴ	ㄷ	ㄹ	ㅁ
이름	기역	니은	디귿	리을	미음
자음	ㅂ	ㅅ	ㅇ	ㅈ	ㅊ
이름	비읍	시옷	이응	지읒	치읓
자음	ㅋ	ㅌ	ㅍ	ㅎ	
이름	키읔	티읕	피읖	히읗	

(2) 읽어 보세요.

① 가지[gaji]   ② 나라[nara]   ③ 도토리[dotori]

④ 모자[moja]   ⑤ 바나나[banana]   ⑥ 치마[chima]

⑦ 카드[kadeu]   ⑧ 포도[podo]   ⑨ 허리[heori]

(3) 자음자를 쓰는 순서

ㄱ	ㄴ	ㄷ	ㄹ	ㅁ
ㄱ	ㄴ	ㄷ	ㄹ	ㅁ

ㅂ	ㅅ	ㅇ	ㅈ	ㅊ
ㅂ	ㅅ	ㅇ	ㅈ	ㅊ

ㅋ	ㅌ	ㅍ	ㅎ	
ㅋ	ㅌ	ㅍ	ㅎ	

3 받침(Final Consonants)

(1) 자음(Consonant) + 모음(Vowel)

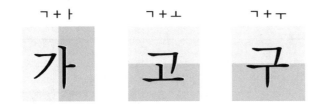

(2) 자음(Consonant) + 모음(Vowel) + 자음(Consonant)

(3) 받침 소리

받침 글자	받침 소리	단어
ㄱ, ㄲ, ㅋ	[ㄱ]	책, 밖, 부엌
ㄴ	[ㄴ]	눈
ㄷ, ㅅ, ㅆ, ㅈ, ㅊ, ㅌ, ㅎ	[ㄷ]	곧, 옷, 있다, 낮, 꽃, 밭, 히읗
ㄹ	[ㄹ]	달
ㅁ	[ㅁ]	몸
ㅂ, ㅍ	[ㅂ]	집, 앞
ㅇ	[ㅇ]	강

(4) 겹받침

① 받침에 자음이 두 개 쓰인 것을 '겹받침'이라고 하는데 앞 자음이나 뒤 자음 중 하나만 소리가 난다.

② 값[갑], 넋[넉], 많다[만타], 넓다[널따]

③ 삶[삼], 밟다[밥따], 읽다[익따], 닭[닥]

02 기본 어휘

1 명사(Noun, 名詞)

물건, 사람, 장소 등의 **이름**을 나타낸다.

① 물건

가방	의자	책상	시계
침대	휴대 전화	책	볼펜
에어컨	냉장고	청소기	세탁기
헬멧	치마	바지	운동화

② 음식

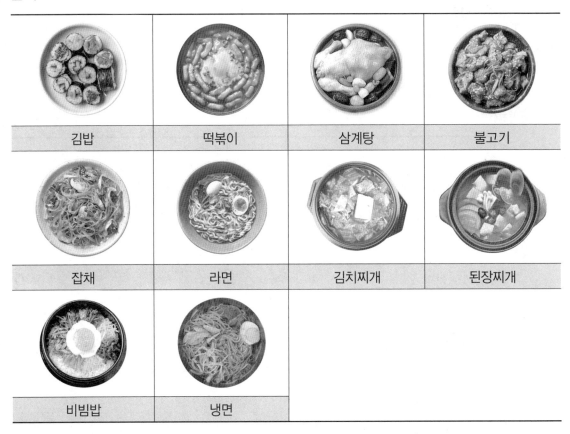

김밥	떡볶이	삼계탕	불고기
잡채	라면	김치찌개	된장찌개
비빔밥	냉면		

③ 장소

주택	아파트	학교	회사
백화점	시장	편의점	서점

식당	카페	약국	병원
영화관	도서관	우체국	은행

④ 운동

축구	농구	야구	테니스
배드민턴	수영	스키	요가

⑤ 교통수단

버스	지하철	택시	기차
배	비행기	자동차	오토바이

2 동사(Verbs, 動詞)

사물(사람, 물건 등)의 동작이나 움직임을 나타낸다.

가다	오다	먹다	마시다
고향에 가요.	한국에 와요.	밥을 먹어요.	물을 마셔요.
보다	자다	일어나다	만나다
영화를 봐요.	잠을 자요.	아침에 일어나요.	친구를 만나요.

읽다	쓰다	듣다	이야기하다
책을 읽어요.	편지를 써요.	음악을 들어요.	친구하고 이야기해요.
입다	벗다	부르다	만들다
옷을 입어요.	옷을 벗어요.	노래를 불러요.	케이크를 만들어요.
일하다	공부하다	요리하다	청소하다
회사에서 일해요.	학교에서 공부해요.	집에서 요리해요.	방을 청소해요.
운동하다	산책하다	출근하다	퇴근하다
헬스장에서 운동해요.	공원에서 산책해요.	회사에 출근해요.	퇴근해요.

3 형용사(Adjective, 形容詞)

사물(물건, 사람 등)의 성질이나 상태를 나타낸다.

많다	적다	크다	작다
과일이 많아요.	과일이 적어요.	가방이 커요.	가방이 작아요.
좋다	나쁘다	싸다	비싸다
기분이 좋아요.	기분이 나빠요.	물건이 싸요.	물건이 비싸요.
높다	낮다	가깝다	멀다
아파트가 높아요.	주택이 낮아요.	집이 가까워요.	집이 멀어요.
가볍다	무겁다	밝다	어둡다
신발이 가벼워요.	신발이 무거워요.	방이 밝아요.	방이 어두워요.

쉽다	어렵다	깨끗하다	더럽다
공부가 쉬워요.	공부가 어려워요.	옷이 깨끗해요.	옷이 더러워요.
있다	없다	맛있다	맛없다
돈이 있어요.	돈이 없어요.	사과가 맛있어요.	사과가 맛없어요.
덥다	춥다	따뜻하다	시원하다
날씨가 더워요.	날씨가 추워요.	날씨가 따뜻해요.	날씨가 시원해요.

4 문법(Grammer, 文法) 1

① **명사(N)은/는** : 이름이나 물건, 직업 등을 소개하거나, 명사가 주제임을 나타낸다.

> • (명사 받침 : O) + 은 : <u>선생님은</u> 한국 사람이에요.
> • (명사 받침 : X) + 는 : <u>저는</u> 중국 사람이에요.

② **명사(N)이/가** : 명사가 어떤 상태나 상황의 주체임을 나타낸다.

> • (명사 받침 : O) + 이 : <u>학생이</u> 공부해요.
> • (명사 받침 : X) + 가 : <u>친구가</u> 요리해요.

③ **명사(N)을/를** : 명사가 문장의 목적어임을 나타낸다.

> • (명사 받침 : O) + 을 : 민수가 <u>책을</u> 읽어요.
> • (명사 받침 : X) + 를 : 어머니가 <u>사과를</u> 사요.

④ **명사(N)에** : 방향이나 목적지를 나타낼 때, 사물이나 사람이 있는 곳을 나타낼 때, 요일이나 시간을 나타낼 때 사용한다.

> • 방향, 목적지 : 민수는 <u>도서관에</u> 가요.
> • 위치 : 책이 책상 <u>위에</u> 있어요.
> • 요일, 시간 : 저는 <u>월요일에</u> 회사에 출근해요.

⑤ **명사(N)에서** : 어떤 일이 일어나는 장소를 나타낸다.

> • 저는 <u>회사에서</u> 일을 해요.
> • <u>식당에서</u> 밥을 먹어요.

⑥ **명사(N)와/과, 명사(N)하고** : 명사와 명사를 연결할 때 사용한다.

> • 여기에 <u>빵과</u> 우유가 있어요.
> • <u>유나하고</u> 민수는 학생이에요.

⑦ **명사(N)도** : 현재 있는 것에 다른 것을 더하는 의미를 나타낸다.

> • 식당에 유나가 있어요. <u>민수도</u> 있어요.

⑧ 명사(N)만 : 다른 것은 빼고 어느 것을 한정하는 것을 나타낸다.

> • 저는 비빔밥만 먹어요. 다른 음식은 안 먹어요.
> • 회사에서 저만 한국 사람이 아니에요.

⑨ 명사(N)(으)로 : 이동하는 방향이나 장소를 나타낸다. 그리고 도구나 방법을 나타낸다.

> • 앞으로 가요. 왼쪽으로 가요. 1층으로 가요.
> • 휴대폰으로 전화를 해요. 세탁기로 빨래를 해요. 연필로 글을 써요.

5 문법(Grammer, 文法) 2

① 형용사(A)/동사(V)-아요/어요 : 어떤 것을 설명하거나 질문할 때 사용한다.

> • (ㅏ, ㅗ : O) + -아요 : 작아요, 좋아요, 찾아요?
> • (ㅏ, ㅗ : X) + -어요 : 읽어요, 들어요, 써요?
> • (하다) → 해요 : 공부해요, 따뜻해요?
>
> 저는 매일 회사에 가요.

② 형용사(A)/동사(V)-았어요/었어요 : 과거의 일을 나타낸다.

> • (ㅏ, ㅗ : O) + -았어요 : 작았어요, 좋았어요, 갔어요
> • (ㅏ, ㅗ : X) + -었어요 : 먹었어요, 들었어요, 있었어요
> • (하다) → 했어요 : 여행했어요, 일했어요
>
> 어제 친구하고 밥을 먹었어요.

③ 동사(V)-(으)ㄹ 거예요 : 앞으로의 일이나 계획을 나타낸다.

> • (받침 : O) + -을 거예요 : 먹을 거예요
> • (받침 : X) + -ㄹ 거예요 : 일할 거예요, 갈 거예요
>
> 내일 고향에 갈 거예요.

④ 형용사(A)/동사(V)−ㅂ니다/습니다 : 뉴스, 인터뷰 등 격식적인 자리에서 사용한다.

> • (받침 : O) + −습니다 : 듣습니다, 먹습니다, 읽습니다, 좋습니다
> • (받침 : X) + −ㅂ니다 : 갑니다, 삽니다, 봅니다, 아픕니다
>
> 저는 한국에서 일합니다.

⑤ 명사(N)이/가 아니에요 : 앞의 명사의 상태나 속성이 아님을 나타낸다.

> • (받침 : O) + 이 아니에요 : 여기는 고향이 아니에요.
> • (받침 : X) + 가 아니에요 : 이것은 쓰레기가 아니에요.

⑥ 동사(V)−(으)세요 : 다른 사람에게 무엇을 부탁하거나 제안할 때 사용한다.

> • (받침 : O) + −으세요 : 읽으세요, 받으세요, 들으세요, 만드세요
> • (받침 : X) + −세요 : 일하세요, 드세요(먹다, 마시다)
>
> 민수 씨, 창문을 닫으세요.

⑦ 형용사(A)/동사(V)−네요 : 처음 알게 된 것에 대한 나의 느낌이나 생각을 말할 때 사용한다.

> • (받침 : O, X) + −네요 : 예쁘네요, 맛있네요, 잘하네요
>
> 이건 처음 먹어요. 정말 맛있네요.
> 제인 씨, 한국어를 잘하네요.

⑧ 동사(V)−(으)ㄹ게요 : 약속할 때 또는 내가 할 것을 말할 때 사용한다.

> • (받침 : O) + −을게요 : 먹을게요, 만들게요, 들을게요
> • (받침 : X) + −ㄹ게요 : 갈게요, 볼게요, 할게요
>
> 내일 회사에 일찍 올게요.
> 제가 요리를 할게요.

⑨ 동사(V)-아/어 보다 : 내가 경험한 것이나 경험하지 못한 것을 전달할 때 또는 다른 사람에게 추천할 때 사용한다.

- (ㅏ, ㅗ : O) + -아 보다 : 찾아 보다, 만나 보다, 가 보다
- (ㅏ, ㅗ : X) + -어 보다 : 먹어 보다, 들어 보다, 만들어 보다

저는 작년에 제주도에 <u>가 봤어요</u>.

저는 비빔밥을 못 <u>먹어 봤어요</u>.

미호 씨, 이 옷을 한 번 <u>입어 보세요</u>. 정말 좋아요.

---

⑩ 동사(V)-(으)ㄹ 수 있다/없다 : 어떤 일을 할 수 있거나 그런 능력이 있음을 나타낼 때 사용한다.

- (받침 : O) + -을 수 있다/없다 : 먹을 수 있다, 들을 수 있다, 읽을 수 없다
- (받침 : X) + -ㄹ 수 있다/없다 : 갈 수 있다, 쓸 수 없다

저는 매운 음식을 <u>먹을 수 있어요</u>.

내일 일을 <u>할 수 없어요</u>.

친구는 한국 음식을 <u>만들 수 없어요</u>.

---

⑪ 동사(V)-(으)ㄴ 적이 있다/없다 : 나 또는 다른 사람의 과거의 일이나 경험을 나타낼 때 사용한다.

- (받침 : O) + -은 적이 있다/없다 : 먹은 적이 있다, 들은 적이 있다, 만든 적이 있다
- (받침 : X) + -ㄴ 적이 있다/없다 : 간 적이 있다, 본 적이 있다, 일한 적이 있다

저는 그 음식을 <u>먹은 적이 없어요</u>.

저는 작년에 아파서 병원에 <u>간 적이 있어요</u>.

저는 식당에서 아르바이트를 <u>한 적이 있어요</u>.

※ 불규칙 : 형용사, 동사 중에서 '-아/어-' 또는 '-(으)-'가 있는 문법과 만나면 모습이 바뀌는 것을 말한다.

형용사(A)/동사(V) + -아/어요	ㅂ 받침	눕다 → 누워요, 덥다 → 더워요, 춥다 → 추워요, 돕다 → 도와요
	ㄷ 받침	걷다 → 걸어요, 듣다 → 들어요
	ㅅ 받침	낫다 → 나아요, 짓다 → 지어요, 젓다 → 저어요
	-르-	자르다 → 잘라요, 기르다 → 길러요, 다르다 → 달라요
	ㅎ 받침	어떻다 → 어때요, 빨갛다 → 빨개요, 하얗다 → 하얘요
형용사(A)/동사(V) + -(으)ㄴ	ㅂ 받침	눕다 → 누운, 덥다 → 더운, 춥다 → 추운, 돕다 → 도운
	ㄷ 받침	걷다 → 걸은, 듣다 → 들은
	ㅅ 받침	낫다 → 나은, 짓다 → 지은, 젓다 → 저은

6 문법(Grammer, 文法) 3

① 형용사(A)/동사(V)-고 : 두 가지 이상의 일을 나타낼 때 사용한다.

> 저는 보통 주말에 친구도 <u>만나고</u> 영화도 봐요.
> 지난 주말에 집에서 밥도 <u>먹고</u> 텔레비전도 봤어요.
> 이 식당은 음식이 <u>맛있고</u> 가격도 <u>싸고</u> 친절해요.

② 형용사(A)/동사(V)-아/어서 : 어떤 일의 이유를 나타낼 때, 그리고 순서를 나타낼 때 사용한다.

> • (ㅏ, ㅗ : O) + -아서 : 좋아서, 아파서, 찾아서, 봐서
> • (ㅏ, ㅗ : X) + -어서 : 적어서, 더워서, 읽어서, 들어서

> 저는 어제 <u>아파서</u> 병원에 갔어요. (이유)
> 미영 씨는 날씨가 <u>더워서</u> 에어컨을 켰어요. (이유)
> 시청역 3번 출구로 <u>나가서</u> 왼쪽으로 가세요. (순서)
> 고향에 <u>도착해서</u> 가족을 만났어요. (순서)

③ 형용사(A)/동사(V)-지만 : 문법 앞의 내용과 뒤의 내용이 반대일 때 사용한다.

> 동생은 <u>학생이지만</u> 저는 회사원이에요.
> 평일에는 <u>일하지만</u> 주말에는 일 안 해요.
> 미영 씨는 밥을 <u>먹었지만</u> 유키 씨는 안 먹었어요.
> 한국은 겨울에 날씨가 <u>춥지만</u> 저의 고향은 겨울에 안 추워요.

④ 형용사(A)/동사(V)-(으)ㄴ데/는데 : 문법 뒤에 오는 문장에 대한 배경을 설명할 때 사용한다.

> • (A 받침 : O) + -은데 : 작은데, 추운데, 어려운데
> • (A 받침 : X) + -ㄴ데 : 아픈데, 큰데, 예쁜데, 피곤한데
> • (V 받침 : O, X) + -는데 : 가는데, 먹는데, 만드는데, 사는데, 일하는데

> 오늘은 좀 <u>피곤한데</u> 내일 만나요.
> 우리 회사는 인천에 <u>있는데</u> 지하철역하고 가까워요.
> 한국어를 <u>공부하는데</u> 재미있어요.
> 아까 점심을 안 <u>먹었는데</u> 지금 먹을게요.

⑤ 형용사(A)/동사(V)-(으)면 : 문법 뒤에 오는 문장의 조건 또는 가정을 나타낼 때 사용한다.

> • (받침 : O) + -으면 : 작으면, 더우면, 먹으면, 만들면
> • (받침 : X) + -면 : 크면, 아프면, 가면, 보면

> 친구가 한국에 <u>오면</u> 같이 부산에 갈 거예요.
> 많이 <u>아프면</u> 병원에 가세요.
> 주말에 시간이 <u>있으면</u> 집에서 쉬어요.

⑥ 동사(V)-(으)면서 : 두 가지 이상의 일이 동시에 일어날 때 사용한다.

> • (받침 : O) + -으면서 : 먹으면서, 들으면서, 만들면서
> • (받침 : X) + -면서 : 가면서, 보면서, 일하면서

> 저녁을 <u>먹으면서</u> 텔레비전을 봐요.
> 저는 음악을 <u>들으면서</u> 일해요.
> 미영 씨는 공부를 <u>하면서</u> 아르바이트도 해요.

⑦ 형용사(A)/동사(V)-(으)니까 : 어떤 일을 함께 하거나 시키는 이유를 나타낼 때 사용한다.

> • (받침 : O) + -으니까 : 좋으니까, 힘드니까, 먹으니까, 입으니까
> • (받침 : X) + -니까 : 크니까, 아프니까, 가니까, 일하니까

> 내일 <u>일하니까</u> 회사에 오세요.
> 날씨가 <u>좋으니까</u> 같이 공원에 가요.
> 제인 씨는 지금 <u>공부하니까</u> 나중에 전화하세요.

⑧ 형용사(A)/동사(V)-기 때문에 : 문법 앞의 내용이 문법 뒤의 내용의 이유를 나타낼 때 사용한다.

> 이 식당은 음식이 맛있고 친절하기 때문에 손님이 많아요.
> 사람들이 많기 때문에 도시에 집이 부족해요.
> 매일 야근을 하기 때문에 몸이 피곤해요.

⑨ 동사(V)-기 전에 : 문법 뒤에 행동을 먼저 할 때 사용한다.

> 유나 씨, 출발하기 전에 전화하세요.
> 저는 밥을 먹기 전에 손을 씻어요.
> 친구가 집에 오기 전에 음식을 만들었어요.

⑩ 동사(V)-(으)ㄴ 다음에, -(으)ㄴ 후에 : 문법 앞의 행동을 먼저 할 때 사용한다.

> • (받침 : O) + -은 다음에 : 먹은 다음에, 들은 다음에, 받은 다음에
> • (받침 : X) + -ㄴ 다음에 : 온 다음에, 본 다음에, 일한 다음에

> 보통 일이 끝난 다음에 저녁을 먹어요.
> 시험 신청을 한 다음에 시험을 봤어요.
> 집에서 밥을 먹은 후에 설거지를 해요.

7 높임말

사람이나 물건 등을 높여서 부르는 말이다.

> • 이름 → 성함
> • 나이 → 연세
> • 생일 → 생신
> • 집 → 댁
> • (사람)명 → 분
> • 이/가 → 께서
> • 은/는 → 께서는
> • 있다 → 계시다
> • 말하다 → 말씀하시다
> • 먹다, 마시다 → 드시다
> • 자다 → 주무시다
> • 아프다 → 편찮으시다
> • 죽다 → 돌아가시다

> 유이 씨 할머니 성함이 어떻게 되세요?
> 할아버지께서 댁에 계세요?
> 어머니께서 점심을 드시고 계세요.
> 아버지께서는 지금 주무세요.

8 −(으)시−

행동이나 상태를 높일 때 사용한다.

> • (받침 : O) + −으시− : 입으세요, 입으실 거예요, 입으셨어요, 입으시니까, 입으시면서
> • (받침 : X) + −시− : 보세요, 보실 거예요, 보셨어요, 보시니까, 보시면서

> 할머니께서는 매일 수영장에 <u>가세요</u>.
> 아버지께서는 주말에 보통 등산을 <u>하세요</u>.
> 어머니께서는 텔레비전을 <u>보시면서</u> <u>웃으세요</u>.

9 기타

그리고	두 개 이상의 문장을 연결할 때 사용한다.
	• 이 식당은 회사에서 가까워요. 그리고 음식이 맛있어요.
	• 저는 어제 학교에 갔어요. 그리고 공부했어요.
그래서	앞의 내용이 뒤의 내용의 원인이나 조건이 될 때 사용한다.
	• 어제 저는 배가 아팠어요. 그래서 약을 먹었어요.
	• 오늘은 일요일이에요. 그래서 회사에 안 가요.
그러니까	앞의 내용이 뒤의 내용의 원인이나 조건이 될 때 사용한다. 보통 뒤의 문장은 명령이나 권유의 내용이다.
	• 오늘은 비가 와요. 그러니까 내일 등산을 갑시다.
	• 내일은 할 일이 많아요. 그러니까 일찍 오세요.
그러나	앞의 내용과 뒤의 내용이 서로 다르거나 반대일 때 사용한다.
	• 고향에 친구들이 많아요. 그러나 지금 만날 수 없어요.
	• 배가 고파서 음식을 많이 주문했어요. 그러나 다 못 먹었어요.
하지만	서로 다르거나 반대되는 사실을 나타낼 때 사용한다.
	• 한국에는 지하철이 있어요. 하지만 고향에는 지하철이 없어요.
	• 저는 키가 작아요. 하지만 동생은 키가 커요.
	• 고향에서는 세배를 하지 않아요. 하지만 한국에서는 세배를 해요.
그렇지만	앞의 내용은 맞지만 그 내용과 다른 생각을 말할 때 사용한다.
	• 미호 : 오늘은 일이 많아서 그 일을 할 수 없어요. 영호 : 미호 씨 말이 맞아요. 그렇지만 오늘 그 일을 하지 않으면 안 돼요.

그런데	앞의 내용과 반대되는 내용을 나타낼 때, 그리고 앞의 내용과 다른 내용을 다른 방향으로 이야기할 때 사용한다.
	• 동생은 숙제를 다 했어요. 그런데 저는 아직 다 못 했어요. • 저는 내일 고향에 가요. 그런데 미호 씨는 언제 고향에 가요?
한편	두 가지 일에 대해서 하나를 말하고 다른 하나를 말할 때 사용한다.
	• 한국에서는 명절에 고향에 가는 사람들이 많습니다. 한편 고향에 가지 않는 사람들은 집에서 쉬거나 가까운 곳에 놀러 갑니다.
예를 들어	어떤 일에 대한 보기가 되는 것을 나타낼 때 사용한다.
	• 사람들은 주말에 취미 활동을 한다. 예를 들어 등산을 하거나 축구를 하는 등 주말에 자신이 좋아하는 일을 한다.
왜냐하면	어떤 일에 대한 이유를 나타낼 때 사용한다.
	• 저는 한국이 좋습니다. 왜냐하면 한국은 교통이 편리하고 편의시설도 많아서 살기 좋기 때문입니다.

10 비슷한 말, 반대말

① 비슷한 말

(축제를) 열다	–	(축제를) 개최하다	갈아타다	– 환승하다
살다	–	거주하다	늘리다	– 연장하다
(계좌를) 만들다	–	(계좌를) 개설하다	바꾸다	– 변경하다
돈을 넣다	–	입금하다	쓰다	– 작성하다
돈을 찾다	–	출금하다	늘다	– 증가하다
돈을 보내다	–	송금하다	줄다	– 감소하다
돈을 바꾸다	–	환전하다	(시험에) 붙다	– 합격하다
계산하다	–	결제하다	(시험에) 떨어지다	– 불합격하다
타다	–	승차하다	아끼다	– 절약하다
내리다	–	하차하다	어려움	– 고충

② 반대말

낮	–	밤	높다	–	낮다
위	–	아래	덥다	–	춥다
출근	–	퇴근	(옷을) 입다	–	(옷을) 벗다
오른쪽	–	왼쪽	사다	–	팔다
들어가다	–	나가다	빌리다	–	돌려주다
올라가다	–	내려가다	타다	–	내리다
주다	–	받다	질문하다	–	대답하다
켜다	–	끄다	지키다	–	어기다
깨끗하다	–	더럽다	(전화를) 걸다	–	(전화를) 끊다

단원 핵심 문제

1 ( ) 안에 가장 알맞은 말 고르기

01

> ( )이/가 예뻐요.

① 기분 　　　　　② 꽃
③ 점심 　　　　　④ 산책

02

> 아침에 ( )을 했어요.

① 운동 　　　　　② 가방
③ 책 　　　　　④ 사진

03

> ( )에서 점심을 먹었어요.

① 서점 　　　　　② 교실
③ 식당 　　　　　④ 은행

04
점심을 많이 먹어 약국에 간 것이므로 소화제를 구입하는 것이 맞다.

04

> 점심을 너무 많이 먹어서 약국에서 ( )을/를 사 왔다.

① 주사 　　　　　② 처방전
③ 해열제 　　　　　④ 소화제

05

나는 한가위에 보름달을 보며 가족 모두 건강하게 해 달라고 (   ) 을/를 빌었다.

① 목표   ② 소원
③ 용서   ④ 근심

06

사람을 만날 때 (   )을 가지고 보면 그 사람을 제대로 판단할 수 없다.

① 책임감   ② 창의성
③ 선입견   ④ 인내심

06
'선입견'은 어떤 대상에 대하여 이미 마음속에 가지고 있는 고정적인 관념이나 관점이다.

07

누가 절도 사건을 일으킨 (   )인지 도저히 모르겠다.

① 용의자   ② 관리자
③ 사망자   ④ 발신자

07
'용의자'는 정확히 범죄를 저지른 혐의가 있지는 않지만 조사 대상이 되는 사람을 말한다.

08

오늘 기분이 (   ).

① 많아요   ② 쉬워요
③ 있어요   ④ 좋아요

정답 **05** ②   **06** ③   **07** ①
08 ④

09
'얼마나'는 수량이나 정도를 물어볼 때 사용하는 말이다.

10
'편지'는 안부, 소식 따위를 적어 보내는 글이므로, '사람이나 물건 따위를 다른 곳으로 가게 하다'라는 뜻의 '보내다'를 써서 표현할 수 있다.

11
그 수량이 셋임을 나타내는 말은 '세'이다.
1 – 한 개   2 – 두 개
3 – 세 개   4 – 네 개
5 – 다섯 개   6 – 여섯 개
7 – 일곱 개   8 – 여덟 개
9 – 아홉 개   10 – 열 개
11 – 열한 개   12 – 열두 개

12
'빨리'는 무엇을 하는 시간이 짧을 때 사용한다.

13
'조금 전'은 과거시제이므로 선어말 어미 '–았/었–'을 사용한다.

정답 09 ③   10 ③   11 ②
         12 ③   13 ③

09

> 가 : 사람들이 (   ) 왔어요?
> 나 : 열 명쯤 왔어요.

① 왜   ② 언제
③ 얼마나   ④ 어디서

10

> 친구에게 편지를 (   ).

① 봐요   ② 만나요
③ 보내요   ④ 읽어요

11

> 가게에서 빵을 (   ) 개 샀어요.

① 셋   ② 세
③ 삼   ④ 셋째

12

> 지금 KTX를 타면 부산에 (   ) 갈 수 있어요.

① 가끔   ② 전혀
③ 빨리   ④ 언제

13

> 가 : 저녁 함께 먹을까요?
> 나 : 미안해요. 저는 조금 전에 (   ).

① 먹어요   ② 먹을래요
③ 먹었어요   ④ 먹을 거예요

14

> 가 : 언제 회사에 가요?
> 나 : 한 시간 후에 (　　　)

① 가지요?　　　　　　② 갔어요.
③ 갈 거예요.　　　　　④ 가고 있어요.

15

> 가 : 어디에 제 이름을 쓸까요?
> 나 : 여기에 (　　　).

① 쓰세요　　　　　　　② 씁시다
③ 씁니다　　　　　　　④ 쓰겠어요

16

> 가 : 수미 씨 전화번호 좀 (　　　)
> 나 : 289-3397이에요.

① 가르칩니다.　　　　② 가르쳐 줍니다.
③ 가르쳐 줍니까?　　④ 가르쳐 주세요.

17

> 가 : 왜 수미 씨 생일 파티에 안 갔어요?
> 나 : 감기에 (　　　) 못 갔어요.

① 걸리고　　　　　　　② 걸려서
③ 걸리면　　　　　　　④ 걸리지만

18

> 가 : 가게에 가요?
> 나 : 네, 과일을 (　　　) 가요.

① 사서　　　　　　　　② 사고
③ 사면　　　　　　　　④ 사러

📂 **Hint**

14
'한 시간 후'는 미래 시제이므로 미래를 나타내는 '-(으)ㄹ 것이다'를 사용한다.

15
이름을 쓰라고 시키거나 행동을 하도록 요구하는 문장이므로, 명령문 '쓰세요'를 사용한다.

16
말하는 이가 듣는 이에게 어떤 일이나 행동을 하도록 요구하는 문장이므로, 끝맺을 때는 주로 '-십시오, -세요, -아/-어, -아라/-어라' 등을 사용한다.

17
앞의 내용이 뒤의 내용의 원인이나 근거, 조건 따위가 될 때에는 '-아/어서'를 사용한다.

18
'-(으)러'는 목적을 나타내는 데 쓰인다. '-(으)러 가다'라고 하면 무언가를 '하기 위해서' 가는 것이 된다.

정답 14 ③　15 ①　16 ④
　　17 ②　18 ④

📁 **Hint**

19

두 문장의 내용이 '먹다'로 서로 비슷하므로, 앞 문장에 이어 주는 말 '그리고'를 붙여서 쓴, '–고'로 이어 준다.

20

앞 문장과 뒤 문장이 반대되는 내용이므로, '하지만'으로 연결하여 사용한다.

21

앞의 내용과 다른 내용이 뒤에 올 때 사용한다.

22

생각한 것보다 수가 적을 때 사용한다.

정답 **19** ① **20** ③ **21** ③
22 ②

19

> 가 : 언제 약을 먹을까요?
> 나 : 식사를 ( ) 30분 후에 드세요.

① 하고   ② 해서

③ 하지만   ④ 하려고

20

> 가 : 축구를 잘해요?
> 나 : 보는 것은 ( ) 잘하지 못해요.

① 좋아해서   ② 좋아하면

③ 좋아하지만   ④ 좋아하니까

21

> 이번 시험에 ( ) 최선을 다 할 거예요.

① 떨어지니까

② 떨어지면서

③ 떨어지더라도

④ 떨어지는 데다가

22

> 우리 학교 학생 수는 열 명( ) 안 돼요.

① 이되   ② 밖에

③ 이나   ④ 인지

23

> 지금까지 한국에서 생활했으면 적응이 (　　) 아직 힘들어요.

① 되자마자
② 될 만한데
③ 될지 아는데
④ 되기로 하는데

24

> 구입한 제품에 문제가 있으면 고객 센터에서 (　　).

① 판매하세요
② 구입하세요
③ 전화하세요
④ 교환하세요

25

> 오늘 일찍 출근하셨네요. 아침식사는 (　　)?

① 빠졌어요　　　　② 하셨어요
③ 부었어요　　　　④ 마셨어요

26

> 오랫동안 책상 정리를 안 했더니 책상 위가 (　　).

① 옥신각신하다
② 알록달록하다
③ 들쑥날쑥하다
④ 뒤죽박죽이다

📁 **Hint**

27
'상담하다'는 어떤 문제를 해결하기 위해 서로 이야기하다라는 뜻이다.

27

요즘 외국인들의 고민을 (   ) 곳이 많이 늘었다.

① 청하는

② 구하는

③ 대답하는

④ 상담하는

28
글, 그림, 사진 따위를 책이나 신문 따위의 출판물에 내다의 뜻은 '싣다'이다.

28

외국 잡지에 한글이 우수한 문자라는 기사가 (   ) 기분이 좋았다.

① 걸려서   ② 불려서

③ 돌려서   ④ 실려서

29
바랄 만한 가치가 있다는 뜻의 '바람직하다'가 적절하다.

29

다음 세대를 위해서는 자연을 어떻게 개발하느냐보다는 어떻게 보호하느냐를 생각하는 것이 더 (   ).

① 묵직하다   ② 있음직하다

③ 믿음직하다   ④ 바람직하다

30

가 : 밤에 서울 타워에 가 봤어요? 나 : 네, 야경이 굉장히 (   ).

① 바쁘더라고요   ② 아름답더라고요

③ 많더라고요   ④ 없더라고요

정답 27 ④ 28 ④ 29 ④
30 ②

31

> 가 : 어느 것이 좋아요?
>
> 나 : 나는 이것이 마음에 (　　　).

① 들어요   ② 기뻐요

③ 좋아요   ④ 예뻐요

32

> 누가 나를 (　　　) 조금만 기다리라고 전해 주기 바란다.

① 찾아오자   ② 찾아오거든

③ 찾아올지언정   ④ 찾아오거니와

33

> 강의 시간에 옆에서 시끄럽게 (　　　) 선생님의 중요한 이야기를 못
> 들었다.

① 떠들다 보면

② 떠드는 반면에

③ 떠드는 바람에

④ 떠드는 척해서

34

> 선거 후보자들은 선거 기간에 유권자들의 표를 얻기 위해 (　　　).

① 노력할 뻔했다

② 노력하고 말았다

③ 노력하는 줄 안다

④ 노력하기 마련이다

📁 **Hint**

31
'조금도 모자람이 없을 정도로 넉넉하여 만족하다'라는 뜻으로, '들다'를 사용한다.

32
'어떤 일이 사실이면, 어떤 일이 사실로 실현되면'의 뜻을 나타낼 때에는 '-거든'을 사용한다.

33
'-는 바람에'는 앞말이 나타내는 행동이나 상태가 뒷말의 근거나 원인이 됨을 나타내는 말이다.

34
'-기 마련이다'는 앞의 내용이 당연한 일임을 나타낼 때 사용한다.

정답 **31** ① **32** ② **33** ③
34 ④

Hint

2 비슷한 뜻을 가진 말 고르기

01
'모두'는 일정한 수효나 양을 기준으로 하여 빠짐이나 넘침이 없는 전체라는 뜻이다.

01

어제 모임에는 <u>모두</u> 왔어요.

① 좀   ② 다
③ 덜   ④ 꼭

02
'배우다'는 새로운 지식이나 교양을 얻다라는 뜻이다.

02

1년 동안 한국어를 <u>배웠어요</u>.

① 가르쳤어요   ② 읽었어요
③ 공부했어요   ④ 만들었어요

03
'같이'는 부사로 둘 이상의 사람이나 사물이 '함께'라는 뜻이다.

03

언니와 <u>같이</u> 수영을 하러 갔습니다.

① 가끔   ② 늦게
③ 자주   ④ 함께

04
'내년'은 올해의 바로 다음 해를 말한다.

04

<u>다음 해</u>에 일본에 돌아가요.

① 작년   ② 금년
③ 내년   ④ 올해

05
'가장'은 여럿 가운데 어느 것보다 정도가 높거나 세게라는 뜻으로, 더 할 수 있는 여유나 더 해야 할 필요 없이, 즉 더할 나위 없이란 뜻이다.

05

오늘은 공원을 산책하기에 <u>가장</u> 좋은 날씨이다.

① 하는 수 없이   ② 어쩔 수 없이
③ 더할 나위 없이   ④ 경우 없이

정답 01 ② 02 ③ 03 ④
04 ③ 05 ③

06

> 대단찮은 선물이지만 정성껏 준비했으니 꼭 받아 주십시오.

① 변변찮은   ② 변치 않는
③ 만만치 않은   ④ 수월치 않은

07

> 그 사람은 아침 8시가 되면 반드시 학교 앞에 나타나 학생들의 등
> 굣길을 지킨다.

① 기필코   ② 이따금
③ 잇달아   ④ 어김없이

08

> 이번에 맡은 일은 내 공부도 되고 돈도 벌 수 있는 일이니 꿩 먹고
> 알 먹기라고 할 수 있지.

① 궁여지책   ② 일석이조
③ 약육강식   ④ 어부지리

09

> 외국 생활은 처음에는 어색하고 힘들지만 지내면 지낼수록 점점 더
> 익숙해지니까 너무 걱정하지 마라.

① 지내다 보면   ② 지내는 차에
③ 지내기로서니   ④ 지내면서까지

06
'변변찮다'는 제대로 갖추어지
지 못하여 부족한 점이 있다는
뜻이다.

07
'반드시'는 틀림없이 꼭. 어기
는 일이 없이라는 뜻이다.

08
한 가지 일을 하여 두 가지 이
상의 이익을 보게 됨을 비유적
으로 이르는 말로 돌 한 개를
던져 새 두 마리를 잡아 동시에
두 가지 이득을 본다는 뜻의
'일석이조'와 비슷한 말이다.

09
앞 절의 외국 생활이 어색하고
힘든 정도가 더하여 가는 것이,
뒤 절의 익숙해지는 정도가 더
하거나 덜하게 되는 조건이 됨
을 나타내므로, 어떤 행동을
시험 삼아 하다의 '–다 보면'이
적절하다.

정답 **06** ① **07** ④ **08** ②
　　 09 ①

10
'-기보다', '-느니(차라리)'는 문장을 연결하여 비교한 뒤에 취사를 결정할 때 사용한다.

11
분실은 자기도 모르게 물건 따위를 잃어버리는 것을 뜻한다.

01
'일찍'은 일정한 시간보다 이르게라는 뜻으로, 반의어는 '늦게'이다.

10

> 믿을 수 없는 약을 먹어 빨리 살을 <u>빼는 것보다</u> 차라리 열심히 운동을 하면서 조금씩 살을 빼는 게 낫다.

① 빼느니 　　　② 빼련만
③ 뺄진대 　　　④ 뺀다거나

11

> 지하철에서 <u>분실한</u> 물건은 지하철역 분실물센터에 가보는 게 좋다.

① 찾은 　　　② 위험한
③ 잃어버린 　　　④ 가지고 온

3 반대되는 말 고르기

01 ① 오늘 – 지금　② 일찍 – 늦게
③ 어제 – 아침　④ 내일 – 저녁

02 ① 앉다 – 서다　② 타다 – 듣다
③ 입다 – 신다　④ 자다 – 벗다

03 ① 맛있다 – 예쁘다　② 멀다 – 덥다
③ 좋다 – 싫다　④ 많다 – 길다

10 ① **11** ③
01 ② **02** ① **03** ③

04

다른 사람에게 <u>피해</u>를 주지 않게 말과 행동을 조심해야 한다.

① 도움　　　　　　② 칭찬
③ 걱정　　　　　　④ 아픔

05

가 : 지금 서울은 <u>추워요</u>?
나 : 아니요, (　　).

① 더워요　　　　　② 낮아요
③ 싫어요　　　　　④ 적어요

05

'춥다'는 대기의 온도가 낮다는 뜻으로, 반의어는 '덥다'이다.

06

가 : 수업이 (　　) 끝났어요?
나 : 아니요, <u>아직</u> 안 끝났어요.

① 곧　　　　　　　② 벌써
③ 항상　　　　　　④ 늦게

06

'아직'은 어떤 일이나 상태 또는 어떻게 되기까지 시간이 더 지나야 함을 나타내거나, 어떤 일이나 상태가 끝나지 아니하고 지속되고 있음을 나타내는 말로, 반의어는 '벌써'이다.

07

가 : 옷이 <u>커요</u>?
나 : 아니요, 좀 (　　).

① 예뻐요　　　　　② 작아요
③ 멀어요　　　　　④ 많아요

07

'크다'는 신, 옷 따위가 맞아야 할 치수 이상으로 되어 있다는 뜻으로, 반의어는 '작다'이다.

08

가 : 시장에 <u>자주</u> 가요?
나 : 아니요, (　　) 가요.

① 항상　　　　　　② 어제
③ 가끔　　　　　　④ 내일

08

'자주'는 같은 일을 잇따라, 잦게라는 뜻으로, 반의어는 '가끔'이다.

> **정답** 04 ①　05 ①　06 ②
> 　　　　07 ②　08 ③

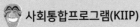

📂 Hint

09
'같다'는 서로 다르지 않고 하나이다라는 뜻으로, 반의어는 '다르다'이다.

10
'바쁘다'는 일이 많거나 또는 서둘러서 해야 할 일로 인하여 딴 겨를이 없다는 뜻으로, 반의어는 '한가하다'이다.

11
'오르다'는 기온이나 가격, 비율 따위가 오르다는 뜻으로, 반의어는 '내리다'이다.

01
앞의 문장에 덧붙이는 내용이 이어질 때에 알맞게 이어 주는 말은 '~고'이다.

정답 09 ② 10 ② 11 ①
　　01 ③

09

가 : 지난번 내용하고 같아요?
나 : 아니오, 지난번하고 조금 (　　　).

① 쉬워요　　　　　　② 달라요
③ 복잡해요　　　　　④ 이상해요

10

가 : 요즘 바쁘세요?
나 : 아니오, 요즘은 (　　　). 왜 그러세요?

① 한산해요　　　　　② 한가해요
③ 서둘러요　　　　　④ 지루해요

11

가 : 과일 값이 많이 올랐어요.
나 : 그래요? 지난해보다 (　　　) 않았어요?

① 내리지　　　　　　② 좋아지지
③ 비싸지　　　　　　④ 많아지지

4 두 문장을 한 문장으로 바르게 연결한 것 고르기

01

청소를 했습니다. / 숙제를 했습니다.

① 청소를 하면서 숙제를 했습니다.
② 청소를 해서 숙제를 했습니다.
③ 청소를 하고 숙제를 했습니다.
④ 청소를 하러 숙제를 했습니다.

📁 **Hint**

02

가게에 갔어요. / 우유를 샀어요.

① 가게에 가러 우유를 샀어요.
② 가게에 가서 우유를 샀어요.
③ 가게를 가도 우유를 샀어요.
④ 가게를 가려고 우유를 샀어요.

02
'–서'는 동사 '가다'에 붙어 시간적 선후 관계를 나타낸다. 앞의 내용이 먼저 일어나고 뒤의 내용이 나중에 일어남을 나타낼 때 사용한다.

03

설렁탕을 먹었어요. / 맛이 없었어요.

① 설렁탕을 먹고 맛이 없었어요.
② 설렁탕을 먹어서 맛이 없었어요.
③ 설렁탕을 먹으러 맛이 없었어요.
④ 설렁탕을 먹었지만 맛이 없었어요.

03
'–지만'은 동사나 형용사, '이다, 아니다'에 붙어 앞 절에서 어떤 사실을 말하고 뒤 절에서 그와 반대되는 사실이나 다른 내용을 연결하여 말할 때 사용한다.

04

우체국에 갑니다. / 편지를 부칩니다.

① 우체국에 가서 편지를 부칩니다.
② 우체국에 가러 편지를 부칩니다.
③ 우체국에 가는데 편지를 부칩니다.
④ 우체국에 가니까 편지를 부칩니다.

04
'–서'는 동사 '가다'에 붙어 시간적 선후 관계를 나타낸다. 앞의 내용이 먼저 일어나고 뒤의 내용이 나중에 일어남을 나타낼 때 사용한다.

05

시간이 없습니다. / 빨리 출발합시다.

① 시간이 없고 빨리 출발합시다.
② 시간이 없어서 빨리 출발합시다.
③ 시간이 없지만 빨리 출발합시다.
④ 시간이 없으니까 빨리 출발합시다.

05
'–(으)니까'는 동사나 형용사, '이다, 아니다'에 붙어 앞 절에 나타난 이유나 원인으로 인해 뒤 절에 그에 따른 결과나 판단이 나오게 될 때 사용한다.

정답 **02** ② **03** ④ **04** ①
05 ④

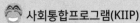

📂 **Hint**

06
'-(으)러'는 동사에 붙어 앞 절의 행동을 하기 위해 뒤 절에 나오는 이동의 목적을 나타낼 때 사용한다.

07
'-고'는 동사나 형용사, '이다, 아니다'에 붙어 시간의 순서와 관계없이 두 가지 이상의 사실이나 내용을 대등하게 연결하거나, 어떤 상태나 행위를 나열할 때 사용한다.

08
'-(으)ㄹ 거니까'는 추측, 예정, 의지, 가능성 등 확정된 현실이 아님을 나타내는 것으로, 앞말이 뒷말의 원인이나 근거, 전제 따위가 됨을 나타낼 때 사용한다.

09
'-아서/-어서'는 앞의 내용이 뒤의 내용의 원인이나 근거, 조건 따위가 될 때 사용한다.

┌─────────────────────────
│ **정답** **06** ① **07** ① **08** ③
│ **09** ③
└─────────────────────────

06

> 김 선생님을 만납니다. / 사무실에 갑니다.

① 김 선생님을 만나러 사무실에 갑니다.
② 김 선생님을 만나는데 사무실에 갑니다.
③ 김 선생님을 만나니까 사무실에 갑니다.
④ 김 선생님을 만나지만 사무실에 갑니다.

07

> 수진 씨는 눈이 예쁩니다. / 은정 씨는 코가 예쁩니다.

① 수진 씨는 눈이 예쁘고 은정 씨는 코가 예쁩니다.
② 수진 씨는 눈이 예쁘러 은정 씨는 코가 예쁩니다.
③ 수진 씨는 눈이 예뻐서 은정 씨는 코가 예쁩니다.
④ 수진 씨는 눈이 예쁘거나 은정 씨는 코가 예쁩니다.

08

> 오늘 조금 늦을 거예요. / 기다리지 마세요.

① 오늘 조금 늦고 기다리지 마세요.
② 오늘 조금 늦어서 기다리지 마세요.
③ 오늘 조금 늦을 거니까 기다리지 마세요.
④ 오늘 조금 늦을 거지만 기다리지 마세요.

09

> 날씨가 좋았습니다. / 산책을 했습니다.

① 날씨가 좋고 산책을 했습니다.
② 날씨가 좋은데 산책을 했습니다.
③ 날씨가 좋아서 산책을 했습니다.
④ 날씨가 좋지만 산책을 했습니다.

10

영민 씨는 거실에서 책을 읽고 있습니다. / 친구가 왔습니다.

① 영민 씨가 거실에서 책을 읽으면 친구가 왔습니다.
② 영민 씨가 거실에서 책을 읽어서 친구가 왔습니다.
③ 영민 씨가 거실에서 책을 읽을 때 친구가 왔습니다.
④ 영민 씨가 거실에서 책을 읽으면서 친구가 왔습니다.

10
'-(으)ㄹ 때'는 동사나 형용사에 붙어 어떤 행위나 상황이 발생한 시간상의 순간이나 지속되는 동안을 나타낸다.

11

저는 전에 부산에 살았습니다. / 아버지 직장 때문에 서울로 이사 왔습니다.

① 저는 전에 부산에 살고 아버지 직장 때문에 서울로 이사왔습니다.
② 저는 전에 부산에 살다가 아버지 직장 때문에 서울로 이사 왔습니다.
③ 저는 전에 부산에 살아서 아버지 직장 때문에 서울로 이사 왔습니다.
④ 저는 전에 부산에 살면서 아버지 직장 때문에 서울로 이사 왔습니다.

11
'-다가'는 동사나 형용사, '이다, 아니다'에 붙어 어떠한 행위나 상태가 중단되고 다른 행위나 상태로 바뀜을 나타낸다. 어떤 일을 하는 도중에 그 일을 그만두거나 다른 일을 할 때 사용한다.

12

여섯 시에 서울에 도착할 겁니다. / 전화하겠습니다.

① 여섯 시에 서울에 도착하면 전화하겠습니다.
② 여섯 시에 서울에 도착하는데 전화하겠습니다.
③ 여섯 시에 서울에 도착하면서 전화하겠습니다.
④ 여섯 시에 서울에 도착하기 전에 전화하겠습니다.

12
'-(으)면'은 동사나 형용사, '이다, 아니다'에 붙어 뒤 절의 내용에 대한 조건이나 가정을 나타낸다. 뒤 절의 내용이 일어나기 위한 근거나 상황에 대한 조건, 확실하지 않거나 아직 이루어지지 않은 사실을 가정하여 말할 때 사용한다.

정답 **10** ③ **11** ② **12** ①

01
'하네요'는 보거나 들어서 알고 있는 내용을 상대에게 확인할 때 사용한다.

02
도로가 많이 막혔으므로, 당연히 평소보다 시간이 많이 걸렸을 것이다.

03
날씨가 쌀쌀하고 단풍을 구경할 수 있는 계절은 가을이다.

정답 01 ② 02 ④ 03 ③

5 다음 물음에 맞는 답을 고르십시오.

[01~06] 다음 (   )에 들어갈 가장 알맞은 것을 고르시오.

01

가 : 유진 씨 아이는 조기교육을 (   )?
나 : 네. 맞아요. 어떻게 알았어요?
가 : 미호 씨에게 들었어요.

① 하지요　　　　② 하네요
③ 할까요　　　　④ 할게요

02

가 : 여행 다녀오세요?
나 : 아니오. 지방에 볼일이 있어서 다녀오는 길입니다.
가 : 주말이라 도로가 많이 막히지 않았나요?
나 : 많이 막혔어요. (　　　　　　).

① 그래서 편하게 다녀왔어요
② 그래서 평소보다 빨랐어요
③ 평일하고 차이가 없었어요
④ 그래서 평소보다 시간이 많이 걸렸어요

03

가 : 대한민국은 사계절이 뚜렷해서 좋아요.
나 : 그렇죠. 계절마다 모습이 다르고 아름다워요.
가 : 사계절 중 어떤 계절이 좋아요?
나 : 아침저녁에는 쌀쌀하지만 단풍을 구경할 수 있는 (   )이 좋아요.

① 봄　　　　② 여름
③ 가을　　　　④ 겨울

04

평소 차를 즐겨 마시는 나는 매달 차를 사러 차를 파는 가게에 가곤 한다. 그러던 어느 날 그 가게에서 집 근처에 사는 서로 아는 체 하지 않는 이웃을 만나게 되었다. 평소에 집 근처에서 마주쳐도 그냥 모른 척하고 지나던 사이인데, 서로 차를 좋아하다 보니 자연스럽게 인사하고 친해져, 그 이후 서로 집에도 방문하여 차도 마시고, 차에 대한 정보와 다양한 얘기들을 나누게 되었다. 가끔 둘이서 차가 유명한 곳을 다니곤 한다. 그러면서 자연스럽게 사적인 대화도 많이 하다 보니 그 누구보다 친해져, 이제는 거의 가족같이 친한 사이라고 할 정도가 되었다. (   ).

① 이젠 건강을 생각해서 차를 마셔야 한다
② 따라서 이웃을 사귀려면 꼭 차를 마셔야 한다
③ 좋아하는 차를 통해 진정한 이웃도 얻게 되었다
④ 모든 이웃은 가족과도 같다

05

날씨가 추워지면 감기환자가 많아져서 병원에는 감기환자들로 넘쳐난다. 의사들은 치료도 중요하지만 우선 예방하는 게 무엇보다 중요하므로, 평소 손을 깨끗이 씻는 등 개인청결에 힘써야 한다고 말한다. 특히 어린이나 나이가 많은 분들은 면역력이 약해서 감기에 쉽게 걸릴 수 있으니 조심해야 한다고 강조한다. 현대 의학으로는 감기를 완벽하게 치료할 수는 없고, 증세를 약하게 해 주기만 할 뿐이다. 감기는 걸린 후 치료보다는 걸리지 않는 것이 중요하다. (   ).

① 즉, 예방이 최선이다
② 감기는 바로 병원에 가서 치료해야 한다
③ 이제 감기는 간단히 치료할 수 있다
④ 추위와 감기는 아무런 상관이 없다

Hint

04
전체 글의 중심 내용이 되는 글을 찾아내야 한다.
좋아하는 차를 통해 이웃과 자연스럽게 친해져 가족 같은 진정한 사이가 되었다는 내용의 글이다.

05
전체 글의 중심 내용이 되는 글을 찾아내야 한다.
감기는 걸린 후 치료가 어려우므로 예방이 더 중요하다는 내용의 글이다.

정답 **04** ③ **05** ①

06

06

> **글**
>
> 요즘 젊은 세대들이 신조어를 사용하는데 저는 전혀 못 알아듣겠더라고요. 신조어를 아는 세대들은 새로운 현상을 표현하기도 쉽고, 쉽게 공감할 수 있다고 해서 좋아하던데, 이제 사람들이 신조어를 (   ).
>
> ↳ **댓글1**
>
> 사회가 빠르게 변화하는 만큼 새로운 것을 표현하기에 신조어가 딱 맞는 것 같아요. 저도 배우지는 않았지만 한번 보고도 이해하기가 쉬워서 자주 사용하고 있어요.

① 사용하기 싫어할 거예요

② 자주 사용하면 좋겠어요

③ 배워야 할지도 모르겠어요

④ 사용하면 안 될 것 같아요

※ **[07~08] 다음 글을 읽고 물음에 답하시오.**

한국에서는 새집으로 이사한 다음에 집들이를 합니다. 보통 가족이나 친구, 직장 동료를 집으로 초대해서 음식을 대접합니다. 집들이에 오는 손님들은 보통 세제, 휴지와 같은 생활용품을 선물합니다. 이 선물을 하는 이유는 세제는 세제의 거품처럼 돈을 많이 벌라는 마음으로, 휴지는 휴지처럼 모든 일이 잘 풀리라는 마음으로 선물합니다. 여러분도 집들이에 갈 때 ⊙ 이러한 선물을 준비해 보는 건 어떨까요?

07 다음 중 위 글의 내용과 같은 것은?

① 보통 가족은 초대하지 않는다.
② 새집으로 이사하기 전에 집들이를 한다.
③ 손님들은 집들이 선물로 생활용품을 준비한다.
④ 모든 일이 잘 풀리라는 마음으로 세제를 선물한다.

07
① 가족이나 친구, 직장 동료를 집으로 초대한다.
② 새집으로 이사한 후에 집들이를 한다.
④ 모든 일이 잘 풀리라는 마음으로 휴지를 선물한다.

08 ㉠이 가리키는 선물로 바르게 짝지어진 것은?

① 세제, 휴지   ② 세제, 돈
③ 휴지, 음식   ④ 휴지, 돈

08
집들이에 오는 손님들은 보통 세제, 휴지와 같은 생활용품을 선물한다.

09 다음 글을 통해 알 수 <u>없는</u> 내용은?

> 한국에는 예로부터 힘들거나 도움이 필요할 때 서로 돕는 문화가 있어 왔다. 어렵거나 힘든 일을 여러 사람이 힘을 모으면 쉽게 해결할 수 있었고, 슬픈 일은 혼자 감당하기보다는 여럿이 나눠 슬픔을 잘 넘길 수 있었다. 그리고 즐겁고 기쁜 일이 있을 때에도 여럿이 같이 하여 즐거움과 기쁨을 같이 했다. 이러한 나눔의 문화는 특별히 만든 것이 아니라 가까운 이웃 간에 큰 일이 있을 때마다 서로 돕다 보니 자연스럽게 만들어진 것이다.
> 요즘에는 도시화가 되면서 이웃 간의 교류가 적어지면서 예부터 이어져 온 나눔의 전통이 서서히 약해지고 있다는 현실이 안타깝다. 이 세상은 혼자 살아갈 수 없다. 따라서 서로 교류하고, 돕고 살아야 한다.

① 슬픈 일을 여럿이 나누면 슬픔이 덜하다.
② 도시화로 나눔의 전통이 약해지고 있다.
③ 나눔의 문화는 나라에서 만들었다.
④ 서로 돕고 살아야 한다.

09
나눔의 전통은 특별히 만들어진 것이 아니라 자연스럽게 서로 돕고 살면서 만들어진 것이다.

정답 **07** ③ **08** ① **09** ③

10

스마트폰을 사용하지만 중독되지 않도록 적절하게 사용해야 한다는 내용의 글이다.

10 다음 글을 통해 알 수 있는 것은?

> 스마트폰이 일상화된 사회에서 스마트폰에 빠져 있는 사람들의 모습을 쉽게 볼 수 있다. 특히, 버스나 지하철에서의 모습은 스마트폰 사용 이전과 이후가 완전히 다르다. 스마트폰 사용 이전에는 버스나 지하철에서 서로 얘기하거나 책이나 신문 등을 읽는 모습이 일상적이었으나, 사용 이후에는 거의 대부분의 사람들이 고개를 숙인 채 스마트폰에 빠져 있는 모습을 쉽게 볼 수 있다. 이런 모습들은 결코 좋은 모습들은 아니다. 그렇다고 스마트폰을 사용하지 말라고 할 수도 없다. 다만, 사용은 하지만 중독되지 않도록 적절하게 사용하는 게 중요하다.

① 책이나 신문을 읽어야 한다.
② 스마트폰을 더 사용해야 한다.
③ 스마트폰을 사용해서는 안 된다.
④ 스마트폰을 적절하게 사용해야 한다.

11

생활환경의 변화로 전통의 가족문화가 서서히 사라져 가고 있는 모습을 안타까워하고 있다.

11 다음 글의 중심 내용은?

> 한국에는 옛날부터 어른을 공경하는 전통이 있다. 예를 들어, 식사를 할 때면 맛있는 음식을 어른께 먼저 드리고, 그리고 어른이 먼저 식사를 시작한 후에 식사를 시작하는 식사예절이나, 대중교통을 이용할 때 노인이나 어른이 서 있을 경우에는 자리를 양보하는 등의 예절이 있다. 이 외에도 일상생활의 다양한 분야에서 어른을 공경하는 전통이 이어져 오고 있다. 그런데 최근에는 저출산 등으로 인한 핵가족의 증가와 도시화로 인한 생활환경의 변화로 인해 한국 전통의 가족문화가 서서히 사라져 가고 있다. 윗사람을 공경하고 아랫사람을 잘 이끌어주던 한국 전통 예절 문화가 사라지는 모습이 참 안타깝다. 물론, 사라져 가는 문화를 대신해 다른 문화가 만들어지고 있지만, 사람들 간의 정으로 이어지던 아름다운 옛 문화를 대신하지는 못하고 있다. 이러한 현실 속에서 어른을 공경하고, 아랫사람을 이끌어 주는 작은 실천이 필요한 때이다.

정답 10 ④ 11 ①

① 전통문화도 소중하다.

② 전통문화는 불필요하다.

③ 전통은 지킬 필요가 없다.

④ 전통 가족문화보다 현대 가족문화가 더 좋다.

12 다음 글의 내용과 <u>다른</u> 것은?

> 갈수록 환경오염이 심각해지고 있다. 환경오염에는 대기오염, 수질오염, 토양오염 등이 있으며, 그 원인은 다양하다. 요즘 들어서는 소음이나 진동, 원치 않는 광고성 정보 등도 오염으로 보는 등 갈수록 더 광범위해져 가고 있다.
>
> 일반적인 환경오염의 원인으로 꼽는 대표적인 것은 자동차와 산업시설 등이다. 이들의 오염물질은 대기와 수질을 오염시키며, 비나 눈 등을 통해 토양까지 오염시키고 있다. 그리고 사람들의 일상생활에서 발생하는 오염도 심각하다. 생활쓰레기의 발생과 더불어, 냉난방 등으로 인한 오염, 그리고 이들을 통해 발생하는 2차 오염 등이 문제가 되고 있다.
>
> 따라서 심각한 오염문제를 해결하기 위해서는 어느 한쪽만의 노력으로는 어렵고, 오염물질을 발생시키는 모든 분야에서의 노력이 필요하다. 이를 위해서 제일 중요한 것은 오염에 대한 심각성을 알고, 이를 위해 노력해야겠다는 생각을 하는 게 최선이다.

① 우리 주변에서 발생하는 생활쓰레기도 환경오염의 원인이다.

② 에어컨과 같은 냉방시설도 환경오염의 원인이 된다.

③ 환경오염의 심각성을 알고 행동해야 한다.

④ 일상적인 생활은 환경오염과 관련이 없다.

12
일상적인 생활에서 발생하는 각종 쓰레기와 냉난방 등도 환경오염의 원인이 된다.

정답 **12** ④

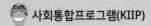

📂 **Hint**

13
노래 대회와 말하기 대회는 한국 국적을 가진 사람은 신청할 수 없다.

13 다음 글의 내용과 다른 것은?

다산시에서는 설날에 외국인 설날 대잔치를 개최합니다. 이번 축제에는 떡국 먹기, 한복 입기, 외국인 노래 대회, 한국어 말하기 대회 등 다양한 행사가 준비되어 있습니다. 한국에서 거주하고 있는 외국인이라면 누구나 즐길 수 있습니다. 오전에는 시청 앞 광장에서 떡국 나눔 행사를 진행합니다. 오전 10시부터 12시 사이에 방문하시면 누구나 떡국을 드실 수 있습니다. 한복 입기 체험은 광장 오른쪽 행사장에서 무료로 입어 볼 수 있습니다. 오후에는 외국인 노래 대회와 한국어 말하기 대회가 진행됩니다. 노래 대회와 말하기 대회에 참가하고 싶은 분들은 이번 주 일요일까지 다산시 홈페이지에서 신청하시기 바랍니다. 단, 한국 국적을 가진 사람은 신청할 수 없습니다. 문의 사항이 있으면 다산시 홈페이지 게시판에 문의하시면 됩니다.

① 떡국은 오전에만 먹을 수 있다.
② 궁금한 것이 있으면 홈페이지에 물어보면 된다.
③ 이 축제에서 떡국 먹기, 한복 입기 행사 등을 진행한다.
④ 누구나 노래 대회와 말하기 대회에 참가할 수 있다.

정답 **13** ④

02 한국 문화

01 한국 생활

1 한국의 주거 문화

(1) 한국의 유명 도시

① **서울** : 한국의 수도, 정치·경제·문화의 중심지

② **부산** : 제2의 도시, 큰 항구 도시, 유명 관광지(해운대, 자갈치 시장 등)

③ **춘천** : 호수의 도시, 자연 경관(소양강, 남이섬 등)이 아름다움.

④ **경주** : 과거 신라의 수도, 불국사, 석굴암 등 역사 유적지

⑤ **전주** : 맛의 도시, 한옥마을, 전통 음식(비빔밥, 전주콩나물국밥 등)

(2) 한국의 주소

① **도로명 주소** : 도로 이름과 건물 번호로 표기

② **주소 작성 순서** : 큰 장소에서 작은 장소의 순서로 작성

　 예 서울특별시 중구 세종대로 110 서울특별시청

(3) 한국의 명당

① **명당** : 집을 지을 때 좋은 기운이 가득한 특별한 장소

② **과거의 명당** : 집 뒤에 산이 있고 집 앞에 물이 흐르는 위치, 남향집

③ **현대의 명당** : 좋은 교육 시설(학교 등) 근처, 교통이 좋은 위치

(4) 집들이

① **의미** : 새집으로 이사하면 가족이나 친구, 친척들을 초대하는 행사

② **집들이 선물과 의미** : 휴지(모든 일이 잘 풀리기를 바라는 뜻), 세제(세제의 거품처럼 돈을 많이 벌기를 바라는 뜻) 등의 생활용품을 선물함.

(5) 공유 주택(셰어 하우스)

① **의미** : 2인 이상의 사람들이 거실, 주방, 편의 공간을 공유하면서 독립된 공간을 가지는 임대 주택

② **장점** : 저렴한 월세, 다양한 인간관계 형성, 생활비 절약

2 한국 생활 지원 기관

(1) 출입국・외국인청(사무소)

　① 역할 : 비자 연장, 외국인 등록증 발급 등

　② 방문 방법 : 인터넷 사전 예약 후 방문, 일부 경우(증명서 발급 등)는 예약 없이 방문 가능

　③ 예약 방법 : 하이코리아(www.hikorea.go.kr)에서 사전 예약

(2) 다문화이주민플러스센터

　① 역할 : 외국인과 다문화 가족을 대상으로 다양한 행정 서비스를 통합 제공

　② 제공 서비스 : 외국인 등록, 체류 기간 연장, 고용 허가, 가족 상담, 방문 교육, 통역 서비스 등

　③ 운영 지역 : 경기 양주, 이천, 파주, 안산, 수원, 남양주, 시흥, 인천 중구, 충남 아산, 경남 양산 등에서 시범 운영 후 확대

(3) 이민자 상담 센터

　① 역할 : 이민자들의 문제를 상담하고 해결 방안을 제공

　② 주요 기관 : 외국인노동자지원센터, 서울글로벌센터, 다문화가족지원센터 등

3 휴대폰

(1) 휴대폰 개통 방법

　① 필요한 서류 : 신분증(여권, 외국인 등록증)

　② 요금제 선택 : 데이터, 문자 메시지, 통화 시간 등에 따라 다양한 요금제 중 선택. 데이터 사용량이 많은 경우 무제한 요금제 추천

(2) 스마트폰과 애플리케이션

　① 대표 앱 : 카카오톡, 위챗, 라인, 밴드(채팅 앱), 페이스북, 트위터, 인스타그램(사진, 동영상 공유 앱), 유튜브, 넷플릭스(동영상 재생 앱)

　② 용도 : 간단한 안부 전송, 사진 및 동영상 전송, 동영상 시청 등

(3) 한국 생활에 도움이 되는 스마트폰 앱(App)

　① 배달 앱 : 편리하게 음식을 주문할 수 있음, 앱에서 카드로 하거나 배달 직원에게

현금으로 결제 가능

② **명함 앱** : 명함의 이름, 이메일 주소, 전화번호를 자동으로 입력해 주는 앱

4 한국의 교통

(1) 한국의 대중교통

① **교통 수단** : 시내버스, 광역버스, 지하철, 택시, 고속버스, 기차

② **교통 카드** : 대중교통 이용 시 편리함.

(2) 교통 표지판

① **표지판 구성** : 모양, 색깔, 이미지, 글자로 구성됨.

② **의미** : 노란색 삼각형(주의), 빨간색 원형(금지), 파란색 원형(가능)

위험하니까 조심하세요	주차하지 마세요	걸어 다니는 사람만 갈 수 있어요

5 건강과 생활

(1) 한국의 병원

① **병원의 종류** : 1차 병원(의원, 보건소), 2차 병원(병원, 종합 병원), 3차 병원(상급 종합 병원)

② **병원 방문 순서** : 1차/2차 병원 → 진료 의뢰서 → 3차 병원

(2) 휴일지킴이 약국

① **의미** : 휴일에도 문을 여는 약국

② **사용 방법** : 휴일지킴이 약국 홈페이지에 접속하여 약국을 찾고 필요한 약 정보 확인

(3) 민간요법

① **의미** : 민간에서 예로부터 전하여 내려오는 치료법

② **민간요법의 예** : 소화 불량 시 배를 손으로 쓸어줌(약손), 기침 시 배를 끓여 먹음, 숙취 해소로 콩나물국을 먹음. 일부 방법은 의학적으로 효과가 입증됨.

(4) 한국의 국민건강보험 제도

① **목적** : 높은 병원비로 인한 경제적 부담을 방지하기 위해 실시. 모두에게 동일한 보험 서비스 제공

② **가입 조건** : 소득이 있는 국민과 6개월 이상 거주한 외국인. 외국인 등록 후 직장 또는 지역에서 가입 가능

6 **여가 활동 및 여행**

(1) 휴식

① **휴식 공간** : 시민 공원, 둘레길, 쉼터 등

② **활동** : 산책이나 자전거 타기 등

(2) 주말 활동 및 친목 활동

① **주말 활동** : 텔레비전 시청, 컴퓨터 게임, 영화 보기, 운동 등

② **동창회** : 같은 학교를 졸업한 사람들이 모이는 모임

③ **동호회** : 같은 취미를 가진 사람들이 모이는 모임

(3) 한국의 인기 여행지

① **제주도** : 한라산, 올레길 등

② **부산** : 해운대, 광안리 해수욕장, 자갈치 시장 등

③ **서울** : 남산 서울 타워, 한강 공원, 경복궁 등

④ **전주** : 한옥마을

⑤ **경주** : 불국사, 석굴암 등 역사 유적지

7 **사건과 사고**

(1) 사고와 예방

① **사고 종류** : 교통사고, 화재 사고, 등산 사고, 추락 사고, 자전거 사고 등

② **예방 방법** : 교통 법규 준수, 돌발 상황 대비, 안전거리 유지, 운전 중 휴대 전화

사용 금지

③ **유용한 긴급 전화번호** : 119(소방서), 112(경찰서), 110(정부 민원 상담), 1345(외국인 종합 안내센터)

④ **재난 안내 문자** : 미세 먼지, 폭염, 호우, 한파, 폭설 등의 재난 상황 안내

8 법과 예절

(1) 예절

① **식사 예절**

㉠ 도구 : 숟가락과 젓가락 사용

㉡ 식사 예절 : 어른이 먼저 수저를 든 후 식사를 시작함.

② **공공 예절**

㉠ 교통 약자석 : 노인, 임산부, 장애인 전용

㉡ 공공장소 예절 : 음료수 및 음식 섭취 금지, 큰 소리로 통화 금지, 다리를 벌리고 앉지 않기

(2) 생활 법령 정보

① 가정, 금융, 교통, 근로, 사회 안전/범죄 등 주제별 법령 정보 제공

② **이용 방법** : '찾기 쉬운 생활 법령 정보' 홈페이지와 '생활 법률' 애플리케이션, 법무부 및 경찰청의 블로그나 유튜브 채널에서 검색

9 한국의 대중 문화

(1) 문화가 있는 날

① **날짜** : 매달 마지막 주 수요일

② **활동** : 영화관, 공연장, 박물관, 미술관, 스포츠 시설 등 전국의 문화 시설을 할인된 가격이나 무료로 이용 가능

③ **특색 프로그램** : 지역마다 특색 있는 프로그램 운영

(2) 문화포털(www.culture.go.kr)

공연 정보, 전시, 콘서트 정보 제공. 이용자들의 공연 후기도 참고 가능

(3) 아리랑

    ① 특징 : 한국 민요 중 가장 유명하며, 노동요로 시작되어 한국인의 정서와 한을 대변. 사랑, 이별, 시집살이의 어려움 등을 노랫말에 담고 있음.

    ② 현대에는 다양한 방식으로 편곡되어 불리며, 전 세계인에게 알려짐.

10 환경 보호

(1) 쓰레기 분리수거

    ① **일반 쓰레기** : 종량제 봉투에 넣어서 지정된 날에 버림.

    ② **재활용 쓰레기** : 다시 쓸 수 있는 깡통, 병, 플라스틱, 종이 등으로 분리수거함.

    ③ **음식물 쓰레기** : 음식물 쓰레기 봉투, 일부 지역에서는 음식물 쓰레기 종량기 사용

    ④ **특징** : 쓰레기를 버리는 날짜, 장소, 쓰레기 봉투 등이 지역마다 다름.

(2) 환경 보전 운동

    ① 환경 문제는 시급히 해결해야 할 인류 사회의 큰 문제

    ② **국제적인 노력** : 유엔환경계획(UNEP) 등

    ③ **한국에서의 노력** : 환경부 주도, 개인의 관심과 노력 필요

11 경제와 정치

(1) 경제

    ① 한국의 화폐

        ㉠ **지폐의 종류** : 1,000원, 5,000원, 10,000원, 50,000원

        ㉡ **동전의 종류** : 10원, 50원, 100원, 500원

    ② 한국의 전통 시장

        ㉠ **특징** : 백화점보다 가격이 저렴하고 다양한 물건과 음식을 구매할 수 있음.

        ㉡ **남대문 시장** : 서울 중심부에 위치, 다양한 물건과 음식 판매

        ㉢ **광장 시장** : 전통 음식과 옷, 다양한 제품 판매

        ㉣ **경동 시장** : 한약재와 다양한 식재료 판매

        ㉤ **통인 시장** : 도시락 카페로 유명, 다양한 전통 음식 판매

③ 소비자 상담 센터

　　㉠ 역할 : 소비자의 고충을 듣고 피해를 구제받도록 도와줌.

　　㉡ 이용 방법 : 국번 없이 1372번으로 전화하거나 인터넷 홈페이지(www.ccn.go.kr)
　　　　를 통해 신청

④ 에프터 서비스(A/S)

　　㉠ 제품 보증 : 전자 제품은 제품 보증 기간이 있음. 이 기간에는 제조사가 소비자
　　　　에게 무료로 수리를 해줌.

　　㉡ 보증 기간 : 구입일을 기준으로 하며, 제품보증서나 영수증이 필요함.

⑤ 적금 가입하기

　　㉠ 적금 : 일정 기간 동안 정해진 금액을 은행에 맡겨 이자를 받는 것

　　㉡ 정기 적금 : 정해진 날짜에 정해진 금액을 넣는 방식

　　㉢ 자유 적금 : 원하는 때에 원하는 금액을 넣는 방식

　　㉣ 가입 방법 : 여러 은행의 이율을 비교하고, 여권이나 외국인 등록증을 지참하여
　　　　은행 방문

⑥ 국민연금

　　㉠ 의미 : 소득이 있을 때 매달 보험료를 납부하고 소득이 중단되었을 때 급여를
　　　　받는 제도

　　㉡ 가입 조건 : 18세 이상 60세 미만의 소득 있는 사람, 외국인도 가입 가능

(2) 정치

① 출산 장려 정책

　　㉠ 저출산의 문제 : 경제 활동 인구 감소, 노인 부양 부담 증가

　　㉡ 장려 정책 : 출산 휴가, 출산 축하금 지급, 다자녀 혜택, 육아 휴직, 근로 시간
　　　　단축, 양육 수당 지원, 임신·출산 진료비 지원, 난임 부부 시술비 지원, 공공
　　　　요금 할인 등

② 한국의 선거

　　㉠ 종류 : 대통령 선거, 국회 의원 선거, 지방 자치 단체장 선거, 지방 의회 의원 선거

　　㉡ 4대 원칙 : 보통 선거, 평등 선거, 직접 선거, 비밀 선거

12 직장 생활

(1) 회사와 직업

① 구직

　　㉠ 의미 : 일정한 직업을 찾는 활동

　　㉡ 워크넷(www.work.go.kr)에서 다양한 성격 검사를 통해 자신에게 맞는 직업을 찾아볼 수 있음.

② 회사

　　㉠ 회사의 직위 : 이사, 부장, 차장, 과장, 대리, 사원 등

　　㉡ 승진 : 일정 기간 근무 후 능력에 따라 등급이나 계급이 오름.

(2) 직장 생활

① 일과 시간 : 보통 월요일부터 금요일까지 하루에 8시간 근무

② 워라밸(work-life balance)

　　㉠ 개념 : 일과 개인 생활의 균형. '저녁이 있는 삶'을 추구하며 주당 근로 시간을 최대 52시간으로 줄임.

　　㉡ 소확행 : 작지만 확실한 행복을 중요시하는 삶의 방식

③ 급여와 세금

　　㉠ 급여 구성 : 기본급과 수당(가족 수당, 초과 근무 수당, 상여 수당 등)

　　㉡ 공제 항목 : 세금, 건강 보험료, 국민연금 등

02 전통과 문화

1 한국의 의례

(1) 여러 가지 의례

① **결혼식** : 남자와 여자가 정식으로 부부가 되는 의례

② **장례식** : 사람이 죽었을 때 치르는 의례로, 병원 내 또는 단독 장례식장에서 일반적으로 3일 동안 장례 절차를 진행함.

③ **제사** : 조상이 돌아가신 날(기일)이나 명절에 조상을 추모하는 일

(2) 특이한 생일 기념

① **백일잔치** : 아기가 태어난 지 100일이 될 때 건강하게 자란 아이를 축하하기 위해 벌이는 잔치

② **돌잔치** : 1년 동안 건강하게 자란 아이를 축하하는 자리로, 쌀·연필·붓·활·돈·실 등(현대에는 쌀·실·돈·청진기·마이크 등)을 펼쳐놓고 아이가 마음에 드는 물건을 골라잡게 하여 이때 잡은 물건을 통해 아이의 장래를 점치는 돌잡이 행사를 하는 경우가 많음.

③ **환갑(회갑)잔치** : 60번째 맞이하는 생일로 자녀들이 잔치를 열어 부모님께서 오래 사시길 기원함.

④ **칠순(고희)잔치** : 70번째 맞는 생일에 오래 사시길 기원하며 벌이는 잔치

2 한국의 명절 : 4대 명절(설날, 한식, 단오, 추석)

① **설날(음력 1월 1일)** : 한 해를 시작하면서 건강과 풍요를 기원하는 한국의 가장 큰 명절. 가족이 모여 떡국을 먹고 세배를 함.

② **추석(음력 8월 15일)** : 가족이 모여 햅쌀로 송편을 만들고 차례를 지냄.

③ **정월 대보름(음력 1월 15일)** : 한 해의 첫 번째 보름날로 가장 큰 보름이라는 뜻. 오곡밥과 나물, 부럼을 먹음.

④ **한식(양력 4월 5일이나 6일)** : 동지 후 105일째 되는 날로, 불을 쓰지 않고 차가운 음식을 먹는 날

⑤ 단오(음력 5월 5일) : 초여름 모내기를 끝내고 풍년을 기원하는 명절. 창포물에 머리 감기, 그네뛰기, 씨름 등을 즐김.

　　※ 강릉 단오제 : 한국을 대표하는 단오 축제. 2005년에 유네스코 세계 무형 유산으로 지정

⑥ 동지(양력 12월 22일이나 23일) : 밤이 가장 긴 날. 팥죽을 먹음.

3 '우리' 문화

① 의미 : 말하는 사람과 듣는 사람을 포함한 공동체를 의미, '나'보다 '내가 속한 공동체'를 중요하게 생각함.

② 사용 예 : 우리 가족, 우리 회사, 우리 반 등

4 온돌

① 의미 : 방을 따뜻하게 하는 장치

② 구조 : 아궁이, 구들(방바닥 아래 돌), 굴뚝으로 이루어짐.

③ 역할 : 아궁이의 열기로 방을 따뜻하게 하고, 아궁이 위에 솥을 걸어 밥을 짓거나 요리를 할 수 있음.

④ 현대 : 보일러를 이용하여 뜨거운 물이 방바닥 아래를 흐르게 하는 방식으로 난방

5 한복과 한옥

(1) 한국의 전통 옷 : 한복

① 구성 요소 : 한복은 한국인의 전통 의복으로 남자는 바지와 저고리, 여자는 치마와 저고리가 기본이며 남녀 모두 발에는 버선을 신었음.

② 두루마기 : 외투처럼 길게 생긴 것으로 주로 외출할 때 입는 한복 웃옷의 한 가지

③ 버선 : 무명·광목 등으로 만들어 발에 꿰어 신는 것으로 발을 따뜻하게 함.

(2) 한국의 전통 집 : 한옥

① 기와집(양반 거주) : 흙으로 만들어 구운 기와를 지붕에 얹은 집

② 초가집(서민 거주) : 추수한 후에 생긴 볏짚을 지붕에 얹은 집

③ **대청마루** : 한국 전통 가옥인 한옥에서 몸채의 방과 방 사이에 깔아 놓는 것으로, 습기나 지열 혹은 해충이나 짐승을 피하기 위한 거주 공간

6 특별한 날

(1) **한국의 국경일**

① **3·1절(3월 1일)** : 일본 식민지 통치에 저항하여 한국인들이 독립 선언을 한 날을 기념

② **제헌절(7월 17일)** : 대한민국 헌법이 제정된 날을 기념

③ **광복절(8월 15일)** : 일본의 식민 통치로부터 해방된 날을 기념

④ **개천절(10월 3일)** : 단군왕검이 고조선을 건국한 날을 기념

⑤ **한글날(10월 9일)** : 세종대왕이 훈민정음을 반포한 날을 기념

(2) **세계인의 날**

① **날짜** : 매년 5월 20일

② **목적** : 이민자와 한국인이 함께 어울리고 소통하는 사회를 만들기 위해 지정

③ **행사** : 축하 공연, 전시회, 체험 행사, 세계 민속 공연, 사진 공모전 등

(3) **성년의 날**

① **과거** : 남자는 상투를 올리고, 여자는 비녀를 꽂는 '관례'와 '계례' 의식을 통해 성인으로 인정받음.

② **현대** : 매년 5월 셋째 월요일에 만 19세가 되는 젊은이들이 성인이 되었음을 기념. 음주, 흡연, 결혼, 신용 카드와 휴대 전화 개통, 사업자 등록 가능

(4) **한국의 절기**

① **24절기** : 한 해를 스물넷으로 나눈, 계절의 변화를 나타냄. 입춘, 춘분, 하지, 추분, 동지 등

② **절기 풍습** : 입춘에는 '입춘대길(立春大吉)'을 써서 대문에 붙이고, 동지에는 팥죽을 먹음.

7 한국의 유네스코 문화유산

(1) 석굴암과 불국사(1995년 등재)

　　① 위치 : 경상북도 경주시

　　② 설명 : 불국사는 신라 시대에 창건된 불교 사찰이며, 석굴암은 인공적으로 조성된 석굴 사원

(2) 해인사 장경판전(1995년 등재)

　　① 위치 : 경상남도 합천군

　　② 설명 : 해인사는 대장경을 보관하고 있는 건물로, 고려대장경을 소장 중

(3) 종묘(1995년 등재)

　　① 위치 : 서울특별시 종로구

　　② 설명 : 조선 왕조의 왕과 왕비의 신위를 모시는 제례 공간

(4) 창덕궁(1997년 등재)

　　① 위치 : 서울특별시 종로구

　　② 설명 : 조선 시대의 궁궐로, 자연과 조화를 이룬 후원(비원)이 유명

(5) 수원 화성(1997년 등재)

　　① 위치 : 경기도 수원시

　　② 설명 : 정조대왕이 아버지 사도세자의 묘를 수호하기 위해 지은 성곽

(6) 경주 역사 유적 지구(2000년 등재)

　　① 위치 : 경상북도 경주시

　　② 설명 : 신라의 수도였던 경주에 위치한 다양한 역사 유적들

(7) 고창·화순·강화 고인돌 유적(2000년 등재)

　　① 위치 : 전라북도 고창군, 전라남도 화순군, 인천광역시 강화군

　　② 설명 : 선사시대의 고인돌 유적지로, 다양한 형태의 고인돌이 있음.

(8) 제주 화산섬과 용암동굴(2007년 등재)

　　① 위치 : 제주도

② 설명 : 한라산, 성산일출봉, 거문오름용암동굴계 등 3개이다.

(9) 조선왕릉(2009년 등재)

① 위치 : 전국 각지

② 설명 : 조선 시대 왕과 왕비의 무덤으로, 총 40기의 왕릉이 포함됨.

(10) 한국의 역사마을 : 하회와 양동(2010년 등재)

① 위치 : 경상북도 안동시와 경상북도 경주시

② 설명 : 조선 시대 양반 가옥과 전통 마을의 모습을 간직한 마을

(11) 남한산성(2014년 등재)

① 위치 : 경기도 광주시

② 설명 : 조선 시대의 군사 방어 시설로, 병자호란 때 인조가 피신했던 곳

(12) 백제역사유적지구(2015년 등재)

① 위치 : 충청남도 부여군, 전라북도 익산시

② 설명 : 백제 시대의 주요 유적들로 구성

(13) 산사, 한국의 산지승원(2018년 등재)

① 위치 : 전국 각지

② 설명 : 한국의 전통 사찰로, 역사적으로 중요한 7개의 산사

(14) 한국의 서원(2019년 등재)

① 위치 : 전국 각지

② 설명 : 조선 시대의 성리학 교육시설. 총 9개로 구성

(15) 한국의 갯벌(2021년 등재)

① 위치 : 서남 해안

② 설명 : 서천 갯벌, 고창 갯벌, 신안 갯벌, 보성-순천 갯벌 4개이다. 지구 생물 다양성의 보전을 위해 전 지구적으로 가장 중요하고 의미있는 서식지 중 하나이다.

(16) 가야고분군(2023년 등재)

① 위치 : 남부 지역

② **설명** : 가야의 문명을 실증하는 독보적인 증거로, 동아시아 고대 문명의 한 유형을 보여준다.

8 **교육**

(1) **평생 교육**

① **의미** : 인간이 평생 동안 학교 교육뿐만 아니라 직업 교육, 성인 교육 등을 통해 지속적으로 배우고 발전하는 과정을 의미함.

② **과정** : 학위 과정, 자격증 또는 수료증 과정

③ **교육 기관** : 대학, 민간 평생 교육 기관, 원격 대학과 원격 평생 교육기관의 학점은행제

④ **인기 분야** : 실용 학문, 실무 기술(피부 미용, 사회 복지, 상담, 보육, 레크리에이션, 외국어)

(2) **사회통합프로그램**

① **의미** : 이민자들이 한국 사회에 원활하게 적응할 수 있도록 한국어 능력과 한국 문화에 대한 이해를 높여주는 것

② **국적 취득** : 이민자가 한국어와 한국문화에 대한 교육을 받고, 귀화용 종합시험에 합격하면 가능

③ **귀화 신청 서류** : 귀화허가신청서, 여권, 본국 신분증 원본과 사본, 범죄경력증명서, 가족관계 증명서, 주민등록등본 등

(3) **이민자 정착 프로그램**

① **사회통합프로그램** : 이민자가 한국에서 살아가는 데 필요한 한국어 능력과 한국 사회에 대한 이해를 높여 줌.

② **조기적응프로그램** : 한국 입국 초기 이민자를 대상으로 하며, 체류 유형에 따라 필요한 내용을 교육

③ **다문화가족 방문교육 서비스** : 집합 교육에 참가하기 어려운 다문화 가족을 대상으로 교사가 방문하여 한국어 교육과 자녀의 학교생활, 사회 적응을 도와줌.

9 언어 생활

(1) 인사 표현

① 만날 때 : "안녕하세요?", "처음 뵙겠습니다."

② 헤어질 때 : "안녕히 가세요.", "안녕히 계세요."

③ 감사 표현 : "고맙습니다.", "감사합니다."

④ 사과 표현 : "죄송합니다.", "미안합니다."

(2) 한국인의 이름

성과 이름으로 구성

예 "김민수"(성 : 김, 이름 : 민수)

(3) 가족 호칭

① 아랫사람 : 이름을 부름.

② 윗사람 : 할머니, 형 등의 호칭 사용

(4) 줄임말

단어나 구절을 더 짧게 줄여서 간단하게 만든 말

예 비냉(비빔냉면), 치맥(치킨과 맥주), 알바(아르바이트)

(5) 이모티콘

① 용도 : 감정이나 기분을 표현하는 데 사용

② 한국에서 자주 사용하는 이모티콘 : ㅎㅎ(웃음, 웃는 모습을 표현), ^^(미소, 기쁨을 표현), ㅠㅠ 또는 ㅜㅜ(울음, 슬픔을 표현), ㅇㅇ('응'이라는 대답의 표현)

③ 나라별로 사용하는 이모티콘이 다름.

(6) 말과 관련된 한국 속담

① 속담의 종류 : '가는 말이 고와야 오는 말이 곱다', '말 한마디에 천 냥 빚도 갚는다', '말이 씨가 된다', '발 없는 말이 천 리 간다', '호랑이도 제 말 하면 온다', '낮말은 새가 듣고 밤말은 쥐가 듣는다' 등

② 의미 : 말을 조심해서 하라는 것, 말의 중요성을 강조

02 단원 핵심 문제

01 한국 주소에 대한 설명으로 옳지 <u>않은</u> 것은?

① 도로명 주소를 사용한다.

② 건물 이름과 도로 번호로 표기한다.

③ 큰 도시에서만 도로명 주소를 사용한다.

④ 큰 장소에서 작은 장소 순으로 작성한다.

02 다음 빈칸에 들어갈 국경일로 알맞은 것은?

> 한국의 5대 국경일은 삼일절, 제헌절, (   ), 개천절, (   ) 입니다.

① 광복절, 한글날

② 식목일, 광복절

③ 광복절, 현충일

④ 현충일, 한글날

03 사회통합프로그램의 목적에 대한 설명으로 옳지 <u>않은</u> 것은?

① 이민자들의 한국어 능력을 키우도록 돕는다.

② 이민자들이 한국 문화를 이해하도록 돕는다.

③ 이민자들이 한국에서 빠르게 취업할 수 있도록 돕는다.

④ 이민자들이 한국 사회에 원활하게 적응할 수 있도록 돕는다.

04 평생 교육의 의미에 대한 설명으로 가장 적절한 것은?

① 주로 직장에서 제공하는 기술 교육을 말한다.

② 특정 연령대에서만 이루어지는 교육과 학습 활동이다.

③ 인간이 평생 동안 이루어가는 모든 교육을 의미한다.

④ 대학 교육을 마친 후에 이루어지는 교육만을 의미한다.

04
평생 교육은 특정 연령대에서만 이루어지지 않고 모든 연령대에서 진행된다. 인간이 평생 동안 이루어가는 모든 교육과 학습 활동을 의미한다.

05 온돌에 대한 설명으로 옳지 <u>않은</u> 것은?

① 온돌은 주로 여름철 냉방 방식이다.

② 아궁이, 구들, 굴뚝으로 이루어진 구조이다.

③ 아궁이에서 나온 열기로 방을 따뜻하게 만든다.

④ 현대에는 온돌 대신 보일러를 사용하여 난방을 한다.

05
온돌은 겨울철 난방 방식이다. 아궁이, 구들, 굴뚝으로 이루어진 구조이며, 아궁이에서 나온 열기로 방을 따뜻하게 한다. 현대에는 온돌 대신 보일러를 사용하기도 한다.

06 성년의 날에 대한 설명으로 옳지 <u>않은</u> 것은?

① 성년이 되면 음주나 흡연이 가능해진다.

② 성년의 날은 매년 5월 셋째 주 월요일이다.

③ 성년의 날은 모든 국민이 참여하는 국가 공휴일이다.

④ 만 19세가 되는 젊은이들이 성인이 되었음을 알린다.

06
성년의 날은 매년 5월 셋째 주 월요일에 만 19세가 되는 젊은이들이 성인이 되었음을 알리는 날이다.
국가 공휴일은 아니다.

07 아리랑에 대한 설명으로 가장 적절한 것은?

① 과거 노동요로 시작되었다.

② 한국의 전통 무용 중 하나이다.

③ 현대에 와서 더이상 불리지 않는다.

④ 일본 식민지 시기에 만들어진 노래이다.

07
아리랑은 과거 노동요로 시작되어 한국의 대표적인 민요가 되었다. 현대에도 계속 불리고 있으며, 일본 식민지 시기에 만들어진 노래가 아니다.

정답 **04** ③   **05** ①   **06** ③   **07** ①

📁 **Hint**

08
국제기구는 특정 국가의 이익을 대변하기보다는 국제 사회의 문제를 해결하고 발전을 도모하는 단체이다. 대표적인 국제기구로는 국제연합(UN)이 있다.

09
국민건강보험 제도는 높은 병원비로 인한 경제적 부담을 방지하기 위해 실시되었다.

10
스마트폰은 손안의 컴퓨터로 불리며, 다양한 기능과 애플리케이션을 통해 전화 통화 외에도 여러 용도로 사용된다.

11
말과 관련된 한국 속담은 많이 있으며, 속담에는 한국인의 사고방식과 행동 양식이 담겨 있다.

정답 **08** ② **09** ④ **10** ③
11 ④

08 국제기구에 대한 설명으로 옳지 <u>않은</u> 것은?

① 대표적인 국제기구로는 국제연합(UN)이 있다.

② 국제기구는 주로 특정 국가의 이익을 대변한다.

③ 국제기구는 두 나라 이상이 모여 만든 단체이다.

④ 국제기구는 국제 사회의 문제를 해결하고 발전을 도모한다.

09 다음 빈칸에 들어갈 내용으로 옳은 것은?

> 국민건강보험 제도는 (   )을/를 방지하기 위해 실시되었다.

① 건강 증진

② 국민의 소득 증가

③ 외국인의 높은 의료비 손실

④ 높은 병원비로 인한 경제적 부담

10 스마트폰과 애플리케이션에 대한 설명으로 옳지 <u>않은</u> 것은?

① 스마트폰은 손안의 컴퓨터라고 불린다.

② 카카오톡, 위챗, 라인은 대표적인 채팅 앱이다.

③ 스마트폰은 주로 전화 통화만을 위해 사용된다.

④ 페이스북, 인스타그램은 주로 사진과 동영상을 공유하는 앱이다.

11 말과 관련된 한국 속담에 대한 설명으로 옳은 것은?

① 말과 관련된 속담은 거의 없다.

② 속담은 대부분 현대에 와서 만들어졌다.

③ 속담은 대부분 어린이들만 사용하는 표현이다.

④ 속담에는 한국인의 사고방식과 행동 양식이 담겨 있다.

12 평생 교육에 대한 설명으로 옳지 <u>않은</u> 것은?

① 최근에는 원격으로 교육을 받기가 어려워졌다.
② 주로 실용 학문과 실무 기술 분야가 인기 있다.
③ 대학과 민간 평생 교육 기관에서 교육을 담당한다.
④ 학위 과정과 자격증 또는 수료증 과정으로 나뉜다.

13 한국의 선거에 대한 설명으로 옳지 <u>않은</u> 것은?

① 대통령 선거는 대선이라고 하며, 대통령의 임기는 5년이다.
② 대통령 선거, 국회의원 선거, 지방 자치 단체장 선거가 있다.
③ 국회의원 선거는 총선이라고 하며, 국회의원의 임기는 6년이다.
④ 선거의 4원칙은 보통 선거, 평등 선거, 직접 선거, 비밀 선거이다.

14 환경 보전에 대한 설명으로 옳은 것은?

① 환경부는 환경 문제 해결을 위해 설립된 국제기구이다.
② 환경 문제는 개인의 문제가 아니라 국가만의 문제이다.
③ 환경 문제 해결을 위해 개인의 관심과 노력은 필요 없다.
④ 유엔환경계획(UNEP)은 매년 환경 문제 해결을 위해 노력한다.

15 국민연금 제도에 대한 설명으로 옳지 <u>않은</u> 것은?

① 모든 외국인은 국민연금에 가입할 수 없다.
② 소득이 중단되었을 때 급여를 받는 제도이다.
③ 한국에 거주하는 외국인도 국민연금에 가입해야 한다.
④ 18세 이상 60세 미만의 소득이 있는 사람은 의무적으로 가입해야 한다.

📁 **Hint**

12
최근에는 원격으로 교육을 받기가 더 쉬워졌다. 평생 교육은 주로 실용 학문과 실무 기술 분야에서 인기가 있으며, 대학과 민간 평생 교육 기관에서 교육을 담당하고 있다.

13
국회의원 선거는 총선이라고 불리며, 국회의원의 임기는 4년이다.

14
환경 문제는 개인의 관심과 노력도 필요하며, 환경부는 한국 정부의 부서이다. 유엔환경계획(UNEP)은 매년 환경 문제 해결을 위해 노력한다.

15
한국에 거주하는 외국인도 국민연금에 가입해야 한다. 소득이 중단되었을 때 급여를 받는 제도로, 18세 이상 60세 미만의 소득이 있는 사람은 의무적으로 가입해야 한다.

▶ 정답 12 ① 13 ③ 14 ④ 15 ①

16

생활 법률 애플리케이션은 여러 언어로 제공되며, 법령 정보는 법률 전문가들뿐만 아니라 일반인도 이해할 수 있다. 경찰청도 블로그나 유튜브 채널을 운영한다.

17

사회통합프로그램은 이민자를 대상으로 한국어와 한국 문화에 대한 교육을 제공하는 프로그램이다.

16 찾기 쉬운 생활 법령 정보에 대한 설명으로 가장 적절한 것은?

① 생활 법률 애플리케이션은 한국어로만 제공된다.

② 법령 정보는 주로 법률 전문가들만 이해할 수 있다.

③ '찾기 쉬운 생활 법령 정보' 홈페이지는 주제별 법령 정보를 제공한다.

④ 경찰청은 법을 알리기 위해 블로그나 유튜브 채널을 운영하지 않는다.

17 사회통합프로그램에 대한 설명으로 옳은 것은?

① 사회통합프로그램은 한국인을 대상으로 한다.

② 한국 국적을 신청하려면 여권과 사진만 필요하다.

③ 귀화용 종합시험에 합격해도 한국 국적을 취득할 수 없다.

④ 이민자가 한국어와 한국 문화에 대한 교육을 받는 프로그램이다.

정답 16 ③ 17 ④

PART

02

한국사회의 이해

KIIP

사회통합프로그램
사전평가

Chapter 01 한국의 사회

01 한국의 상징

1 대한민국의 국호와 국기

(1) 국가 이름(국호, 國號)

대한민국(大韓民國, Republic of Korea)으로, 줄여서 한국으로 부름.

(2) 국기(國旗) : 태극기

① 흰색 바탕 : 밝음과 순수, 평화에 대한 사랑을 의미

② 태극 문양 : 빨강은 존귀, 파랑은 희망을 의미

③ 검은색 건곤감리(乾坤坎離)의 4괘 : 각각 하늘(건), 땅(곤), 물(감), 불(리)을 의미하는 것으로 자연의 조화를 강조

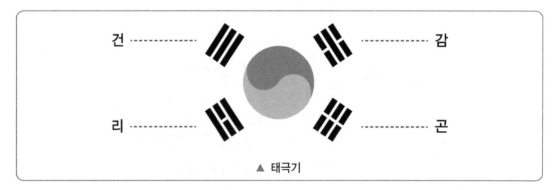

▲ 태극기

2 국기에 대한 맹세와 국기의 게양

(1) 국기에 대한 경례와 맹세

① 국기에 대한 경례 : 오른손을 왼쪽 가슴에 대고 차렷 자세에서 시선은 국기를 향한다.

② 국기에 대한 맹세

> 나는 자랑스러운 태극기 앞에 자유롭고 정의로운 대한민국의 무궁한 영광을 위하여 충성을 다할 것을 굳게 다짐합니다.

(2) 국기의 게양

① **경축일 또는 평일** : 5대 국경일과 국가기념일에 깃봉과 깃면의 사이를 떼지 않고 게양

② **조의를 표하는 날** : 현충일, 국장기간, 국민장일 등에는 깃봉과 깃면의 사이를 깃면의 너비(세로)만큼 내려 조기로 게양

3 국가 : 애국가

(1) 애국가

나라를 사랑하는 마음을 담은 노래로 1900년대 초에 만들어짐.

(2) 구성

전체 4절로 구성되어 있음.

> 1절 : 동해물과 백두산이 마르고 닳도록 하느님이 보우하사 우리나라 만세
> 2절 : 남산 위에 저 소나무 철갑을 두른 듯 바람서리 불변함은 우리 기상일세
> 3절 : 가을 하늘 공활한데 높고 구름 없이 밝은 달은 우리 가슴 일편단심일세
> 4절 : 이 기상과 이 맘으로 충성을 다하여 괴로우나 즐거우나 나라 사랑하세
> 후렴(각 절마다) : 무궁화 삼천리 화려강산 대한사람 대한으로 길이 보전하세

4 한국의 국화와 문자

(1) **국화 : 무궁화**

① **의미** : 영원히 피고 또 피어서 지지 않는 꽃

② **개화 시기** : 7월~10월 사이

③ **한국의 국가 문장** : 무궁화와 태극기를 기초로 하여 만들어짐.

▲ 무궁화

(2) **한국의 문자 : 한글**

① **창제시기** : 1443년에 조선의 세종대왕이 만든 과학적인 문자로 '훈민정음'이라는 이름으로 반포

② **훈민정음 해례본** : 한글을 만든 목적과 원리를 담고 있으며, 유네스코(UNESCO) 세계기록유산에 등재됨.

5 **5대 국경일과 주요 기념일**

(1) 5대 국경일

① **삼일절(3월 1일)** : 일제의 지배에 저항하여 일어난 독립만세 운동을 기념하는 날

② **제헌절(7월 17일)** : 1948년 대한민국 최초의 헌법이 제정된 날을 기념하는 날

③ **광복절(8월 15일)** : 1945년 일본의 지배에서 벗어나 독립한 것을 기념하는 날

④ **개천절(10월 3일)** : 한국 최초의 국가인 고조선이 만들어진 것을 기념하는 날

⑤ **한글날(10월 9일)** : 세종대왕이 훈민정음(한글)을 만든 것을 기념한 날

(2) 주요 기념일

① **식목일(4월 5일)** : 나무 심기를 통해 국민의 나무 사랑 정신을 북돋우고, 산지의 자원화를 위해 제정한 기념일

② **어린이날(5월 5일)** : 어린이에 대한 관심과 사랑을 함양하기 위하여 지정한 날로 부모와 자녀들이 함께 즐길 수 있는 여러 가지 행사가 열림.

③ **어버이날(5월 8일)** : 조상과 어버이에 대한 은혜를 일깨우고자 제정한 기념일

④ **현충일(6월 6일)** : 나라를 위해 헌신한 사람들의 넋을 기리는 날, 가정에서는 조기를 게양함.

⑤ **국군의 날(10월 1일)** : 한국 군대의 창설과 발전을 기념하여 정한 날

---

02 **가족과 일터**

1 **한국의 가족**

(1) 가족 형태의 변화

① **전통적인 가족 형태** : 조부모, 부모, 자녀 등 여러 세대의 가족이 같이 모여 사는 확대가족

② **오늘날의 가족 형태** : 부모와 미혼 자녀, 1인 가구, 아이 없는 맞벌이 부부 등 다양한 가족 형태가 나타남.

(2) 가족 문화의 특징

　① 전통적인 가족 문화 : 효 사상과 유교의 영향으로 웃어른 공경

　② 오늘날의 가족 문화 : 가족 구성원이 의논하여 중요한 일을 결정하며, 부부가 함께 가족 일에 참여

(3) 가족 관계 호칭

　① 부부간 : 주로 '여보', '당신'이라고 부름.

　② 배우자의 부모 : 장인어른, 장모님, 아버님, 어머님

　③ 남편의 형제 : 아주버님(남편의 형), 도련님 또는 서방님(남편의 남동생), 형님(남편의 누나), 아가씨(남편의 여동생)

　④ 아내의 형제 : 처형(아내의 언니), 처제(아내의 여동생), 형님(아내의 오빠), 처남(아내의 남동생)

(4) 친척 관계 촌수

　① 1촌 : 부모와 자녀 간의 관계

　② 2촌 : 형제, 자매 간의 관계

　③ 3촌 : 내가 결혼을 해서 아이를 낳은 경우 나의 남동생과 내 아이의 관계

　④ 4촌 : 남편이나 아내의 형제자매에게서 태어난 아이들 간의 관계

　⑤ 부부간 : 촌수를 따지지 않음.

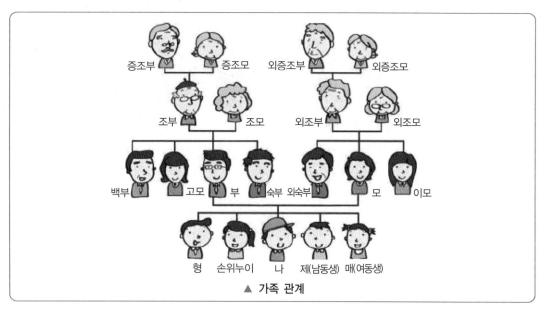

▲ 가족 관계

2 한국의 일터

(1) 한국 직장 생활의 특징

① **취업연령** : 15세 이상부터 일을 하는 것이 가능하며, 60세 정도에 은퇴함.

② **한국 사람들이 선호하는 일터** : 대체로 공무원이나 대기업에 취직하는 것을 선호

③ **여성의 경제 활동** : 맞벌이 부부 증가, 직업별 남녀 간 불균형 완화

(2) 한국 직장 생활의 모습

① **근무 시간** : 보통 오전 9시부터 오후 6시까지, 총 근무 시간은 주 52시간을 넘으면 안 됨.

② **교대 근무** : 24시간 내내 서비스가 제공되어야 하는 곳의 경우 서로 차례를 바꾸어 근무(경찰서, 소방서, 병원, 공항 등)

③ **직장 문화** : 직장 동료들끼리 퇴근 후에 함께 모여 회식

03 교통과 통신, 주거, 도시와 농촌

1 한국의 교통수단

(1) 교통수단의 종류와 요금 지불

① **고속철도(KTX, SRT)** : 한국에서 가장 빠른 기차로 전국을 2시간대로 연결

② **이용 요금 지불 방법** : 지하철이나 시내버스의 요금을 낼 때 사용하는 카드인 교통카드를 사용하기도 하고 신용카드나 휴대전화에 교통카드 기능을 포함하여 지불

(2) 대중교통 이용을 장려하는 제도

① **공공 자전거 무인 대여 시스템** : 주민들의 편의를 위해 자전거를 빌려줌.

② **환승할인제도** : 교통카드를 이용하여 다른 노선이나 교통수단으로 갈아탈 때 요금을 할인해 주는 제도

③ **버스전용차로제** : 대중교통 수단인 버스에 통행 우선권을 부여함으로써 승용차 이용을 억제하고 도로의 수송 효율을 증대하는 대중교통 활성화를 위한 교통 수요 관리 대책

④ **버스도착안내 서비스** : 버스 정류장의 전광판을 통해 버스 도착 시간과 버스 안의 혼잡 정도를 미리 알 수 있도록 하는 서비스

2 한국의 통신수단

(1) 통신수단의 종류와 이동

① **택배** : 우체국이나 택배 업체, 편의점을 통해 편지나 물건을 보내는 것

② **스마트폰** : 휴대전화에 컴퓨터 지원 기능을 추가한 기계로 인터넷 서비스 등이 가능

(2) 인터넷을 통한 정보교환

① **인터넷** : 전 세계의 컴퓨터가 서로 연결되어 정보를 주고받는 통신망

② **이메일** : 인터넷을 이용해 소식이나 중요한 문서 등을 주고받는 것

(3) 보이스 피싱

사람들에게 전화를 해서 주민등록번호, 신용카드번호, 은행계좌번호 등을 알아내어 범죄에 이용하거나 예금통장에서 현금을 빼가는 것

3 한국의 주거

(1) 집의 형태

① **단독주택** : 한 가구의 독립적 생활을 위해 집을 한 채씩 따로 지은 집으로, 여러 가구가 독립적으로 거주할 수 있는 다가구주택을 포함함.

② **공동주택** : 한 건물에 여러 가구가 독립해서 생활할 수 있게 만든 주택(연립주택, 아파트 등)

③ **공공임대주택** : 정부에서 서민들의 주거 문제를 해결하기 위해 싼 값에 집을 사거나 빌릴 수 있도록 만든 주택

(2) 거주 형태

① **자가** : 자기가 소유한 집에 살고 있는 것

② **전세** : 집주인에게 일정한 돈을 보증금으로 맡기고 계약기간 동안 집을 빌려 쓰는 형태

③ **월세** : 집주인에게 매달 일정한 돈을 내고 집이나 방을 빌려 쓰는 형태

(3) 한국의 주거 문화

① **보증금** : 일정한 돈을 갚아야 하거나 어떤 약속을 이행해야 하는 상황에서 그 행위를 잘 수행하지 않을 것을 대비하여 받아두는 돈

② **공인중개사** : 토지나 건물을 사거나 팔 때, 또는 일정 기간 빌리는 것과 같이 부동산과 관련된 업무를 할 수 있는 법률적인 자격을 갖춘 전문가

③ **확정일자** : 법원, 주민센터 등에서 주택임대차 계약을 한 날을 확인해 주기 위해 계약서에 도장을 찍어주는 날짜

④ **층간소음 이웃사이 센터** : 층간소음 분쟁 해소를 위해 정부가 층간소음 갈등을 중재할 수 있게 만든 서비스

⑤ **전원 주택** : 도시에서 조금 떨어져 자연의 분위기를 느낄 수 있도록 만든 집

4 도시와 농촌

(1) 한국 도시의 특징과 변화

① **도시 문제** : 인구 집중으로 인해 주택, 교통, 환경 등의 문제 발생

② **도시 문제 해결을 위한 노력** : 혼잡 통행료 등 대중 교통 이용 장려 정책, 쓰레기 분리 수거, 일회용품 규제, 신도시 건설, 도시 재개발 사업 등

(2) 한국 농촌의 특징과 변화

① **농촌의 특징** : 도시에 비해 생활범위가 좁고 의료, 문화, 편의시설 등이 부족함.

② **농촌의 변화** : 농산물 직거래, 주말농장이나 농촌 체험 프로그램, 지역 축제 등이 많아짐.

③ **귀농** : 도시에서 다른 일을 하던 사람이 농사를 지으러 농촌으로 돌아가는 것

04 복지, 의료와 안전

1 한국의 사회복지 제도

(1) 사회보험

국민에게 발생한 사회적 위험을 보험방식에 의하여 대처함으로써 국민의 건강과 소득을 보장하는 제도

　① **건강보험** : 아파서 병원에 갈 때 의료비의 일부를 지원

　② **고용보험** : 회사에서 해고를 당했을 때 일정 기간 금전적 지원을 받을 수 있음.

　③ **국민연금** : 나이가 많이 들어 더 이상 돈을 벌기 어려울 때 매달 일정 금액을 생활비로 지급

　④ **산업재해보상보험** : 회사에서 일을 하다가 사고로 다쳤을 때 피해에 대한 보상

(2) **공공부조** : 생활이 어려운 사람들의 기본적인 생활수준을 보장해주기 위해 국가나 지방단체가 지원하는 것

　① **국민기초생활보장제도** : 소득이 최저생계비보다 적은 저소득층에 생활비를 지원

　② **긴급복지지원제도** : 갑작스럽게 어려운 일을 당해 생계 유지가 곤란한 저소득층 가구를 지원

　③ **의료급여제도** : 소득이 최저생계비보다 적은 저소득층에 의료비를 지원

　④ **기초연금제도** : 65세 이상의 전체 노인 중 가구의 소득인정액이 선정기준액 이하인 노인에게 매달 일정액의 연금을 지급하는 제도

(3) **복지 관련 용어**

　① **최저임금제** : 국가가 근로자들의 생활안정을 위해 임금의 최저수준을 정하고 사용자에게 그 수준 이상의 임금을 지급하도록 법으로 강제하여 저임금근로자를 보호

　② **고용복지플러스센터** : 실업 급여, 복지 상담, 신용회복 상담 등의 여러 서비스를 한 곳에서 제공하는 기관

2 **다문화 가족·외국인 지원 서비스와 기관**

(1) **공공부조**

국내에 체류하고 있는 외국인이 한국 국민과 결혼하여 본인 또는 배우자가 임신 중인 경우, 외국인이 대한민국 국적의 미성년 자녀를 양육하고 있는 경우 최저생계비지원과 무료의료지원 등을 받을 수 있음.

(2) **다문화 가족·외국인 지원 기관**

　① **외국인종합안내센터(1345)** : 한국 생활 적응에 필요한 출입국 민원 상담과 관련 생활정보 안내

② 다누리콜센터(1577-1366) : 결혼이민자 등에게 각종 생활 안내와 정보 제공

③ 다문화가족지원센터 : 다문화 가족의 한국사회 적응을 돕는 교육 제공

④ 외국인근로자지원센터 : 외국인 근로자들을 대상으로 한 한국어 교육 및 권익 보호 지원센터

3 한국의 의료

(1) 의료기관의 종류와 이용 방법

① **동네의원** : 감기나 배탈 등과 같이 비교적 가벼운 증상이 있을 때 가는 곳으로 외과, 치과, 피부과, 내과 등 아픈 증상에 따라 병원을 선택

② **보건소** : 국가에서 운영하는 공공 보건기관으로 예방접종이나 각종 검사, 물리치료, 치과 치료 등을 받을 수 있으며, 일반 병원보다 진료비가 싼 편

③ **대학병원** : 동네의원에서 치료가 어렵거나 세밀한 검사가 필요한 경우 이용하는 상급종합병원

④ **긴급응급전화 119** : 밤에 갑자기 아프거나 다쳐 응급환자가 발생했을 때 연락하여 도움을 받을 수 있음.

(2) 건강보험제도

소득에 따라 매달 일정금액을 건강보험료로 내고, 치료나 검사를 받을 때, 혹은 출산을 할 때 전체 의료비의 일부만 내고도 의료 기관을 이용할 수 있는 제도

4 안전 생활 수칙과 대처 요령

① **안전신문고** : 생활 속에서 안전을 위협하는 요소를 발견했을 때 신고·건의할 수 있는 국민신문고 홈페이지

② **재난대응안전한국훈련** : 행정안전부를 중심으로 재난관리책임기관이 재난상황에서 수행해야 할 임무·역할을 사전에 계획·준비하여 대응능력을 제고시켜 나가는 재난대비활동

③ **안전한 직장 생활** : 보호 장구를 착용하고, 평상시 비상구와 구급상자·소화기의 위치 확인, 안전 보건 표지의 의미를 알아두어야 함.

01 단원 핵심 문제

 한국의 상징

01 다음 애국가의 가사 내용 중 옳지 <u>않은</u> 것은?

① 남산 위에 저 소나무 철갑을 두른 듯 바람서리 불변함은 우리 기상일세

② 이 기상과 이 맘으로 충성을 다하여 괴로우나 즐거우나 나라 사랑하세

③ 무궁화 삼천리 화려강토 한국사람 대한으로 길이 보전하세

④ 가을 하늘 공활한데 높고 구름 없이 밝은 달은 우리 가슴 일편단심일세

02 다음 중 태극기에 대한 설명으로 옳지 <u>않은</u> 것은?

① 4괘는 각각 하늘(건), 땅(곤), 물(감), 불(리)을 의미한다.

② 태극기의 빨강은 밝음과 순수를 나타내고 있다.

③ 국경일이나 국가기념일에 태극기를 자신의 집 문가나 창가에 다는 것이 일반적이다.

④ 4괘는 음과 양이 서로 변화하고 발전하는 모습을 나타낸 것이다.

Hint

01
후렴(각 절마다) : 무궁화 삼천리 화려강산 <u>대한</u>사람 대한으로 길이 보전하세

02
대한민국의 국기를 태극기(太極旗)라고 부른다.
태극기의 빨강은 존귀, 파랑은 희망을 의미하며, 흰색 바탕은 밝음과 순수 그리고 전통적으로 평화를 사랑하는 우리의 국민성을 나타내고 있다.

정답 01 ③ 02 ②

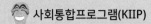

📁 **Hint**

03
현재 다섯 잎의 무궁화 꽃이 활짝 핀 모양을 활용하여 대한민국 정부를 상징하는 대한민국 국가 문장으로도 활용되고 있다.

04
훈민정음 해례본은 한글을 만든 목적과 원리를 담고 있으며, 유네스코(UNESCO) 세계기록 유산에 등재되었다.

03 다음 한국의 국화와 국가 문장에 대한 설명으로 옳지 <u>않은</u> 것은?

① 우리 민족은 무궁화를 고조선 이전부터 하늘나라의 꽃으로 귀하게 여겼다.

② 무궁화는 '영원히 피고 또 피어서 지지 않는 꽃'이라는 의미가 담겨 있다.

③ 태극기 문양은 여권, 훈장, 대통령 표창장, 나라의 중요한 문서 등에 활용되고 있다.

④ 무궁화 국가 문장은 대통령의 권위를 상징한다.

04 다음 〈보기〉에서 설명하고 있는 문자에 대한 설명으로 옳지 <u>않은</u> 것은?

> **보기**
>
> 자음은 사람의 발음 기관을 보고 만들었고, 모음은 하늘(·), 땅(ㅡ), 사람(ㅣ)이라는 세 가지 요소를 결합하여 만들었다. 자음과 모음을 합하여 모두 24개이며, 소리 나는 대로 적으면 되기 때문에 배우기가 비교적 쉽다.

① 대한민국의 문자인 한글을 만든 사람은 조선의 세종대왕이다.

② 자음(14개)과 모음(10개)을 결합하여 하나의 글자를 이룬다는 점에서 과학적인 문자이다.

③ 세계적으로 문맹 퇴치 사업에 기여를 한 경우에 주는 상의 이름은 '세종대왕상'이다.

④ 훈민정음 해례본은 유네스코(UNESCO) 세계무형유산에 등재되었다.

정답 **03** ④ **04** ④

05 다음 중 국가를 위해 목숨을 바친 분들의 명복을 빌기 위해 조의를 표하는 날은?

① 현충일
② 한글날
③ 제헌절
④ 개천절

현충일(6월 6일) : 국가를 위해 자신의 목숨을 바친 장병과 순국선열들의 충성을 기리기 위하여 정한 날(조기 게양)

06 다음 중 국기를 게양하는 날이 <u>아닌</u> 것은?

① 한글날
② 삼일절
③ 국군의 날
④ 식목일

국기 게양일
• 국경일 및 기념일 : 5대 국경일(3·1절, 제헌절, 광복절, 개천절, 한글날), 국군의 날 및 정부지정일
• 조의를 표하는 날 : 현충일, 국장기간, 국민장일 및 정부지정일

📁 가족과 일터

01 다음 글의 ( ) 안에 들어갈 말로 알맞은 것은?

한국의 가족생활은 다른 나라와 구별되는 고유한 특징이 있다. 한국가족의 특징을 이해한다면 가족생활이 좀 수월할 수 있으며, 한국의 문화를 이해하는 데 도움이 된다. 가족문화는 각 가정마다 차이가 있고, 지역에 따라 차이가 있다. 한국은 전통적으로 ( ) 문화의 영향을 받았다. 이에 한국 가족문화는 ( )문화권 국가들과 유사한 측면이 많지만, 급속한 산업화 과정을 거치면서 한국의 가족문화도 점차 변하고 있다.

① 도교
② 불교
③ 기독교
④ 유교

한국은 전통적으로 유교문화의 영향을 받았다. 이에 한국 가족문화는 유교문화권 국가들과 유사한 측면이 많다.

정답 **05** ① **06** ④ / **01** ④

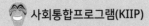

📁 Hint

02
한국에서 결혼은 보통 30대 전후의 연령대에서 이루어지는데, 최근 들어 결혼하는 연령이 점점 높아지고 있다.

03
가족과 관련된 일에서 남편과 아내가 상의하여 의사결정을 함께 하고, 여성과 남성이 동일한 가족 부양, 자녀 돌봄, 가사 노동의 책임을 가져야 한다는 의식이 높아지고 있다.

04
〈보기〉는 가족에 대한 호칭 사례들이다.

---

02 한국의 가족관계에 대한 설명으로 옳지 <u>않은</u> 것은?

① 결혼하는 연령이 점점 낮아지고 있다.
② 가정에서는 웃어른을 공경할 것을 가르친다.
③ 가족 내 위, 아래의 순위와 질서를 중요하게 여긴다.
④ 1인 가족 등 여러 형태의 가족에 대한 개인적, 사회적 수용도가 높아지고 있다.

03 한국 가족 형태의 특징에 대한 내용으로 옳지 <u>않은</u> 것은?

① 1인 가구나 부부만 사는 경우도 늘어나고 있다.
② 가족원 한 사람 한 사람의 행복 못지않게 가족 간의 화목을 중요하게 생각한다.
③ 유교와 효 사상의 영향을 많이 받았다.
④ 여성과 남성이 동일한 책임을 가져야 한다는 의식이 낮아지고 있다.

04 다음 〈보기〉의 사례들은 무엇에 대한 내용인지 고르면?

> **보기**
> • 남편의 부모님 – 아버님, 어머님, 시부모님
> • 남편의 여동생 – 아가씨
> • 아내의 여동생 – 처제
> • 아내의 부모님 – 장인어른, 장모님

① 사촌   ② 자격
③ 호칭   ④ 친족

▶ 정답 **02** ① **03** ④ **04** ③

📂 **Hint**

05 다음 중 한국의 가족에 대한 설명으로 옳지 <u>않은</u> 것은?

① 한국의 가족 형태는 부모와 미혼 자녀, 1인 가구 등 다양하다.
② 한국에서 나의 남동생의 아이와 내 아이는 4촌이 된다.
③ 남편의 남동생이 결혼하지 않았으면 '아주버님'이라고 부른다.
④ 한국에서 '식구'라는 표현은 '밥을 같이 먹는다'는 의미를 갖는다.

05
아내는 남편의 형을 '아주버님'이라고 부르고, 남편의 남동생이 결혼하지 않았으면 '도련님', 결혼을 했으면 '서방님'이라고 부른다.

06 다음 중 한국의 일터에 대한 내용으로 옳지 <u>않은</u> 것은?

① 현재 한국 사회에서 인기가 높은 직업은 '공무원'이다.
② 은퇴 이후에도 직업을 갖거나 창업을 준비하는 사람들이 많아졌다.
③ 15세 이상의 사람은 대부분 일을 하고 있다.
④ 기혼 여성 중 상당수는 출산과 양육 등의 문제로 직장을 그만두는 경우가 많다.

06
한국에서는 15세 이상부터 일을 하는 것이 가능하다. 그런데 대체로 고등학교나 대학을 졸업한 후에 취직하는 경우가 많기 때문에 일반적으로는 20대에 일을 시작하는 편이다.

📂 교통과 통신, 주거, 도시와 농촌

01 다음 〈보기〉에 제시된 내용의 공통점은?

> 보기
> • 우체국을 통해 편지나 물건을 보낸다.
> • 스마트폰으로 영상 통화를 한다.
> • 태블릿 PC로 문자메시지를 보낸다.

① 운송수단 　　② 통신수단
③ 정보수단 　　④ 교통수단

01
한국 사회에서는 우편, 전화, 인터넷 등이 주된 통신수단으로 사용되고 있다.

정답 05 ③　06 ③ / 01 ②

02 다음 〈보기〉의 밑줄 친 이 제도로 옳은 것은?

> 보기
>
> 이 제도를 이용하지 않고 현금을 내고 버스를 갈아타면, 버스를 탈 때마다 요금을 내게 된다. 그러나 교통카드를 이용하여 이 제도를 적용하면, 버스나 지하철을 갈아타더라도 총 거리 10km 이내에서는 돈을 추가로 내지 않아도 된다.

① 무인 대여 시스템　　　② 버스전용차로제
③ 버스도착안내 서비스　　④ 환승할인제도

03 한국의 교통수단 이용에 대한 설명으로 옳지 <u>않은</u> 것은?

① 교통카드를 이용하면 요금이 할인된다.
② 요금의 경우 요즘은 신용카드에 후불식 교통카드 기능을 추가하여 사용하기도 한다.
③ 버스만 이용할 수 있는 길을 정해 버스가 원활하게 통행할 수 있도록 하는 제도는 버스교통우대제이다.
④ 주민들의 편의를 위해 자전거를 빌려주는 공공 자전거 무인 대여 시스템이 있다.

04 다음 〈보기〉의 사례에 나타난 내용으로 옳은 것은?

> 보기
>
> "○○우체국입니다. 소포가 도착하여 발송예정입니다. 다시 듣고 싶으시면 0번, 안내를 원하시면 9번을 눌러 주십시오"라는 안내가 나온 후 9번을 누르면 안내하는 사람이 나와서 집주소와 전화번호, 신용카드정보 등을 자세하게 물어 본 다음 전화를 끊는다.

① 스팸 메일　　　② 해킹
③ 보이스 피싱　　④ 사물 인터넷

05 다음 중 한국의 교통통신 수단에 대한 설명으로 옳은 것은?

① 기차 중에서 가장 빠른 것은 새마을호이다.

② 택시는 버스나 지하철 등의 교통수단에 비해 요금이 더 싸다.

③ 휴대전화를 통해 통화는 물론, 문자 메시지, 인터넷 등도 이용 가능하다.

④ 시내버스는 다른 노선으로 갈아탈 수 있으며 이동시간이 비교적 일정하다.

Hint

05
① 기차 중에서 가장 빠른 것은 고속철도(KTX, SRT)이다.
② 택시는 버스나 지하철보다 요금이 더 비싸다.
④ 시내버스는 이동시간이 일정하지 않다.

06 다음 빈칸에 공통으로 들어갈 단어로 옳은 것은?

> 단독주택에는 여러 가구가 각각의 독립적인 공간을 차지하며 살 수 있도록 지은 (   )도 포함된다. (   )은 3층 이하의 건물이며 전체에 대한 소유권은 집주인이 가지고 있고 나머지 가구는 거기에 세를 들어 산다.

① 전원 주택   ② 다세대 주택

③ 연립 주택   ④ 다가구 주택

06
다가구 주택의 경우 한 집에 여러 가구가 거주한다.

07 다음 〈보기〉에서 설명하는 용어로 옳은 것은?

> 보기
>
> 한국에서만 볼 수 있는 독특한 임대 방식이다. 주택 소유자에게 일정 금액을 보증금으로 내고 일정 기간 동안 그 집에 거주하며, 계약 기간이 끝나면 보증금 전액을 다시 돌려받는다. 집 전체를 빌릴 수도 있고, 일부 공간(한 층, 또는 방 1~2개)만 빌릴 수도 있다. 집 전체를 빌릴 경우 보증금은 통상 주택 가격의 40~80% 선이다.

① 자가   ② 기숙사

③ 월세   ④ 전세

07
전세는 집주인에게 일정한 돈을 보증금으로 맡기고 계약기간 동안 집을 빌려서 생활하는 것으로 한국에서 흔히 이루어지는 주택 임대의 방법이다.

정답 05 ③   06 ④   07 ④

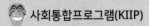
📂 **Hint**

08
공동주택은 4층 이하의 연립주택과 5층 이상의 아파트로 구분된다.

08 다음 〈보기〉의 빈칸에 들어갈 말로 옳은 것은?

> 보기
>
> (가)은 한 건물에 여러 가구가 각각 독립된 생활을 할 수 있게 만든 집으로 크게 (나)과 아파트가 있다. 이 둘은 건물의 층에 따라 구분된다. (나)은 4층 이하의 주택으로, 종종 지하 1층에도 주택이 있는 경우가 있다.

	(가)	(나)
①	연립주택	공동주택
②	다세대 주택	다가구 주택
③	다가구 주택	다세대 주택
④	공동주택	연립주택

09
등기부등본 : 부동산등기부는 부동산에 관한 권리관계 및 현황이 등기부에 기재되어 있는 공적장부로 등기부등본은 등기부 내용을 복사한 문서이다.

09 다음 〈보기〉의 빈칸에 공통으로 들어갈 말로 옳은 것은?

> 보기
>
> 부동산 계약 전에 (   )을 확인하는 것은 집을 꼼꼼하게 살펴보는 것 이상으로 중요하다. (   )을 보면 집주인의 이름, 주소, 집의 면적과 구조, 집주인의 채무관계 등을 확인할 수 있다. (   )은 등기소를 방문하지 않고 주로 인터넷으로 쉽게 발급받는다. 잘 모르면 주변의 한국인 동료에게 부탁하는 것이 좋다.

① 계약서
② 등기부등본
③ 보증금
④ 확정 일자

▶정답 **08** ④ **09** ②

10 다음 〈보기〉에서 설명하는 내용으로 옳은 것은?

> 보기
>
> 전라북도 장수에는 12가구가 모여 사는 '하늘소마을'이 있다. 이곳은 7년 전 장수군청에서 주도적으로 만든 마을로 지난 4월 이곳에 정착한 초보 농부 김성래(42)씨는 서울의 한 호텔에서 식음료 부문 책임자로 일하다 외식업체 점장을 지낸 호텔리어 출신이다. 사람 발길이 드문 아주 깊은 시골에서 살고 싶어 여기저기 알아봤지만, 현실적인 문제를 고려해 이곳을 택했다. 지자체를 통해 땅과 농기구 등 필수 인프라를 지원받을 수 있어 경제적으로 유리하고 적응도 쉽기 때문이었다.

① 주말농장　　　　　② 귀농
③ 전원주택　　　　　④ 귀촌

Hint

10
귀농은 도시에서 다른 일을 하던 사람이 일을 그만두고 농사를 지으려고 농촌으로 돌아가는 것을 말한다. 최근 도시화로 인한 문제가 발생하면서 귀농인구가 다시 늘어나고 있는 추세이다.

복지, 의료와 안전

01 다음 〈보기〉의 빈칸에 들어갈 용어가 순서대로 적절한 것은?

> 보기
>
> (　　　)은 미래의 위험에 대비하여 국가의 법에 따라 국민들이 가입해야 하는 제도로 크게 건강보험, 고용보험, 국민연금, (　　　)의 네 가지가 있다.

① 사회보험 – 산업재해보상보험
② 공공부조 – 산업재해보상보험
③ 사회보험 – 국민기초생활보장제도
④ 공공부조 – 국민기초생활보장제도

01
사회보험에 가입하게 되면 노인이 되거나 건강이 나빠지는 등의 어려운 상황을 겪게 되었을 때 일정 부분 국가의 지원을 받을 수 있다.

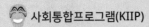

📂 Hint

02

최저임금제 : 국가가 임금의 최저 수준을 정하고, 사용자에게 이 수준 이상의 임금을 지급하도록 강제함으로써 저임금 근로자를 보호하는 제도

03

다누리콜센터에서는 가정폭력, 성폭력 등으로 피해자의 긴급 상담과 보호가 필요할 때 365일 24시간 이용할 수 있으며, 다문화가족에게 어려운 일이 발생하거나 정보가 필요할 때 생활 상담은 물론 국적, 체류 문제 등의 상담과 법원 진술 시에 통·번역 등 다양한 지원을 받을 수 있다.

04

외국인 대상 공공부조 : 국내에 체류하고 있는 외국인이 한국 국민과 결혼하여 본인 또는 배우자가 임신 중인 경우, 외국인이 대한민국 국적의 미성년 자녀를 양육하고 있는 경우, 최저생계비지원과 무료의료지원 등을 받을 수 있다.

정답 02 ① 03 ④ 04 ④

---

02 다음 〈보기〉의 빈칸에 들어갈 말로 옳은 것은?

> **보기**
>
> 최저임금제란 국가가 근로자들의 생활안정을 위해 임금의 최저수준을 정하고 사용자에게 그 수준 이상의 임금을 지급하도록 법으로 강제하는 제도를 뜻한다. 적용 대상은 (   ) 근로자를 고용하는 모든 사업 또는 사업장이다.

① 1인 이상 ② 5인 이상
③ 10인 이상 ④ 20인 이상

03 다음 〈보기〉의 설명에 해당하는 기관은?

> **보기**
>
> • 국내에 거주하는 다문화가족·이주여성에게 한국생활 정보제공, 위기상담 및 긴급지원, 생활통역과 3자 통화를 지원하는 서비스이다.
> • 13개 언어로 해당국가의 이주여성 전문상담원과 편리하게 자국 언어로 통화하여 상담할 수 있다.

① 외국인노동자 지원센터 ② 다문화가족지원센터
③ 외국인종합안내센터 ④ 다누리콜센터

04 국내에 체류하고 있는 외국인 중 최저생계비지원과 무료의료지원을 받을 수 있는 경우에 해당되지 <u>않는</u> 사람은?

① 한국 국민과 결혼하여 본인 또는 배우자가 임신 중인 경우
② 대한민국 국적의 미성년 자녀를 양육하고 있는 경우
③ 법에 따라 난민으로 인정된 외국인
④ 한국 대학에 재학 중인 외국인

05 다음 〈보기〉의 빈칸에 들어갈 말로 옳은 것은?

> 보기
>
> 한국은 다양하고 전문적인 의료 시설이 잘 갖추어져 있어 몸이 아프면 병원을 찾아 진료를 받은 후 필요한 약을 약국에서 처방받을 수 있다. 특히 (   )제도라는 것이 있어서 적은 비용으로 의료기관을 이용할 수 있어 매우 편리하다.

① 보건행정   ② 건강보험

③ 의료급여   ④ 건강검진

06 만약 밤에 갑자기 아프거나 다쳐 응급환자가 발생했을 경우의 긴급 응급전화는?

① 114   ② 119

③ 118   ④ 112

07 감기나 소화기 장애 등 병이 심각하지 않은 경우 이용하는 의료기관은?

① 보건소   ② 동네의원

③ 종합병원   ④ 상급종합병원

정답 05 ②   06 ②   07 ②

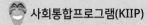

08 다음 〈보기〉의 빈칸에 들어갈 의료기관은?

> 보기
>
> (   )는 지역주민의 건강을 증진하고 질병을 예방·관리하기 위하여 설치한 공공 보건기관이다. 이곳의 업무는 보건사업, 감염병 예방관리, 진료, 실험 및 검사, 식품공중위생, 의약물 지도·관리, 일반행정 등이 있으며, 이 중 진료 부분에서는 만성질환진료 및 각종검사, 물리치료, 치과진료, 한방진료 등의 의료 서비스를 제공한다.

① 동네의원   ② 보건소
③ 종합병원   ④ 상급종합병원

정답 **08** ②

Chapter 02 한국의 교육

01 한국의 교육

1 보육제도

(1) 출산 및 보육 지원제도

① **국민행복카드** : 중앙 정부에서 국가바우처 사업의 하나로 임신부의 건강한 아이 출산과 산모의 건강 관리에 필요한 비용의 일부를 지원

② **아이행복카드** : 어린이집이나 유치원을 다니는 영·유아의 보육료 지원 제도로 신용카드로 지원

③ **양육 수당** : 어린이집이나 유치원에 보내지 않는 경우에 지급

④ **아동 수당** : 만 8세 미만 아동이 있는 가정에 지급

⑤ **돌봄 서비스** : 부모의 맞벌이 등으로 양육 공백 발생 시 12세 이하의 아동을 대상으로 돌보미가 찾아가는 서비스

(2) 영·유아 교육기관의 종류

① **어린이집** : 0세부터 취학 전까지의 아동에 대해 보호와 교육을 담당하며 보건복지부에서 지정한 보육기관

② **유치원** : 3세부터 초등학교 입학 전까지의 어린이에 대한 교육을 제공하는 교육부 관할 교육기관

2 초·중등 교육

(1) 한국 교육제도의 특징

① **의무교육 기간** : 한국에서 초등학교(6년)와 중학교(3년)는 교육을 꼭 받아야 하는 의무교육이다.

② **학년·학기제도** : 1학기(3월 시작) → 여름방학 → 2학기(9월 시작) → 겨울방학

③ **방과 후 프로그램** : 정규 교육 과정 이외에 학생들의 소질 및 적성을 개발하고 사교육비를 줄이기 위한 수업 프로그램

④ **홈스쿨링** : 자녀들을 학교에 보내지 않고 집에서 직접 교육하는 방식

⑤ 검정고시 제도 : 검정시험에 합격한 경우 해당 학력을 인정하고 상급학교에 입학할
자격을 부여하는 제도

⑥ 온라인 개학 : 교사와 학생이 대면하지 않고 원격으로 수업을 진행하는 것

(2) 초·중등 교육기관

초등	초등학교	• 초등학교 입학은 6세부터 가능하고, 입학 시기를 조정하고자 할 때는 주민센터에 미리 신청 서류를 제출함. • 6년 과정 • 구분 : 국·공립 초등학교(교육청에서 배정), 사립 초등학교(추첨)
중등	중학교	• 3년 과정 • 구분 : 일반 중학교(다양한 교육 내용을 두루 가르침), 특수목적 중학교(예술, 체육, 외국어 등의 각 분야에 대한 교육을 중점적으로 실시)
	고등학교	• 3년 과정 • 구분 : 일반계 고등학교(고입선발고사나 학교별 입학시험을 치른 후 진학), 전문계 고등학교(직업교육 전문), 특수목적 고등학교(과학, 외국어, 체육, 예술 등의 분야를 집중 교육)

3 입시와 고등교육

(1) 한국 입시제도의 특징

① 교육열이 높은 이유 : 학력별 임금격차가 크며, 좋은 대학 진학이 곧 취업, 임금, 결혼 등에 영향을 주기 때문임.

② 대학수학능력시험(수능시험, 수능) : 매년 11월 경 실시되는 대학에서 공부할 수 있는 능력을 평가하는 시험으로, 대학 진학을 위해서는 일반적으로 수능을 치러야 함.

③ 한국에서 인기 있는 합격 기원 선물 : 엿과 찹쌀떡, 휴지, 포크, 거울 등

(2) 대학교

① 구분 : 2년제, 3년제, 4년제 등으로 구분되며, 다양한 분야의 학문과 기술 등을 가르침.

② 방송통신대학, 디지털대학, 사이버대학 등 : 학교에 출석하지 않고 방송이나 인터넷 등을 통해 학습

(3) 대학원

    ① 대학교에서보다 더욱 전문적인 연구를 통해 다양한 분야의 전문가를 배출

    ② **구분** : 대학교를 졸업한 사람이 입학할 수 있으며, 석사과정과 박사과정으로 구분

4 평생교육

① **평생교육의 의미** : 학습자의 나이, 교육 장소, 교육 내용에 제한을 두지 않고 누구나 원하는 내용을 언제든지 배울 수 있도록 하는 교육

② **기초문해교육** : 단순히 글을 읽고 쓰는 교육뿐만 아니라, 일상생활을 하는 데 있어서 필요한 능력을 갖출 수 있도록 지원하는 교육

③ **법무부의 사회통합프로그램** : 법무부가 외국인을 대상으로 운영하는 교육프로그램으로, 이수를 하면 영주권 획득이나 귀화를 하고자 할 때 여러 가지 혜택을 받을 수 있음.

01
돌봄 서비스 : 부모의 맞벌이 등으로 양육 공백 발생 시 12세 이하의 아동을 대상으로 돌보미가 찾아가는 서비스

01 다음 빈칸에 들어갈 제도로 옳은 것은?

> 정부 정책사업 중 하나로 부모의 맞벌이 등으로 양육 공백이 발생한 가정의 12세 이하 아동을 대상으로 아이돌보미가 찾아가는 (   )를 제공하여 부모의 양육부담을 경감하고 시설보육의 사각지대를 보완하고자 하는 제도이다.

① 안전 서비스   ② 아동 서비스

③ 양육 서비스   ④ 돌봄 서비스

02
유치원은 3세부터 초등학교 입학 전까지의 어린이에 대한 교육을 제공한다.

02 다음 〈보기〉에서 설명하고 있는 교육기관은?

> 보기
>
> • 3~5세 유아들이 다니는 유아학교이다.
> • 교육과정 및 방과후 과정은 보통 09:00~17:00까지 운영된다.
> • 심신의 건강과 조화로운 발달을 도와 민주시민의 기초를 형성하는 데 중점을 두고, 신체운동·건강, 의사소통, 사회관계, 예술경험, 자연탐구 등 5개 영역으로 구성된 교육과정으로 교육한다.

① 어린이집   ② 유치원

③ 초등학교   ④ 돌봄교실

03
교육을 원하는 다문화학생을 위한 이중언어 지원 등 여러 제도가 실시되고 있다.

03 다음 중 다문화학생 교육지원제도가 아닌 것은?

① 이중언어 말하기 대회   ② 찾아가는 한국어교육

③ 국제 공용어 지원제도   ④ 다문화학생 멘토링

정답 01 ④ **02** ② **03** ③

04 다음 〈보기〉에서 설명하고 있는 교육기관은?

> 보기
>
> • 0세부터 5세까지의 아이들을 보육하고, 교육시키는 시설로 보건 복지부에서 지정한 시설이다.
> • 보육시간은 평일 07:30~19:30까지를 기본으로 한다.
> • 영유아가 건강하고 안전하며 바르게 생활하는 데 필요한 내용과 신체, 사회, 언어, 인지, 정서 등 발달을 위한 내용으로 교육한다.

① 돌봄교실   ② 어린이집

③ 유치원   ④ 초등학교

04
어린이집에서는 0세부터 취학 전까지의 아동에 대해 보호와 교육을 담당한다.

05 한국의 초등 교육에 대한 설명으로 옳지 <u>않은</u> 것은?

① 초등학교 입학을 위한 취학 통지서는 각 지역의 초등학교에서 받는다.

② 초등학교 과정은 6년이다.

③ 만약 부모가 자녀를 초등학교에 보내지 않을 경우 과태료를 부과받을 수 있다.

④ 초등교육은 의무교육이며 무상교육이다.

05
초등학교 입학을 위한 취학 통지서는 각 지역의 주민센터에서 받는다. 부모는 자녀를 초등학교에 입학시켜야 하고, 초등학교를 졸업할 때까지 다닐 수 있도록 해야 한다.

06 다음 〈보기〉의 빈칸에 들어갈 알맞은 프로그램은?

> 보기
>
> 법무부의 (   )은/는 이민자의 한국 사회 적응을 지원하기 위해 한국어 교육과정과 한국사회이해 교육과정으로 구성되어 있다. 이 교육과정을 이수하면 국적을 취득하고 체류자격을 변경할 때 혜택을 받을 수 있다.

① 방과 후 학교 프로그램   ② 사회통합프로그램

③ 이민자 복지 프로그램   ④ 평생교육 프로그램

06
법무부의 사회통합프로그램은 이민자의 한국 사회 적응을 지원하기 위한 것으로 한국어교육과 한국사회이해 교육으로 구성되어 있다. 사회통합프로그램의 교육과정을 이수하면 국적을 취득하거나 체류자격을 바꿀 때 혜택을 받을 수 있다.

정답 04 ②   05 ①   06 ②

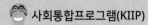

📁 **Hint**

07
홈스쿨링 : 자녀들을 학교에
보내지 않고 집에서 직접 교육
하는 방식

08
한국의 대학에 진학하고자 할
때는 학교생활기록부, 논술,
실기를 중심으로 하는 수시모
집에 지원하거나 대학수학능
력시험에 응시하여 나온 결과
인 수능성적을 중심으로 하는
정시모집에 지원할 수 있다.

09
검정고시 제도 : 검정시험에
합격한 경우 해당 학력을 인정
하고 상급학교에 입학할 자격
을 부여하는 제도

07 다음 빈칸에 들어갈 알맞은 교육 프로그램은?

> (   )은 학교에 보내지 않고 집에서 학습을 하는 대안교육 중의
> 하나이다.

① 창의적 체험활동　　　　② 자율 학습
③ 온라인 학습　　　　　　④ 홈스쿨링

08 다음 빈칸에 들어갈 알맞은 용어로 적절한 것은?

> 대학교에 입학하기 위해서는 일반적으로 (   )을 치른다. 이 시
> 험은 고등학교 졸업 예정자나 졸업자 및 이에 해당하는 학력을 가
> 진 사람이면 누구나 볼 수 있고 매년 11월에 실시된다.

① 한국어능력시험　　　　② 대학영어능력시험
③ 한국사능력시험　　　　④ 대학수학능력시험

09 다음 빈칸에 들어갈 알맞은 용어로 적절한 것은?

> (   )에 합격한 경우 해당 학력을 인정하고 상급학교에 입학할
> 자격을 부여하는 제도이다.

① 대학수학능력시험　　　② 검정고시 제도
③ 한국어능력시험　　　　④ 방과 후 프로그램

03 한국의 정치와 법

01 한국의 정치

1 한국의 민주 정치

(1) 민주주의의 의미

국민이 국가의 주인으로서 국가 권력을 가지고, 그 권력을 스스로 행사하는 정치 체제

(2) 주권 : 국가의 의사를 최종적으로 결정하는 권력으로 국민에게 있음.

(3) 권력 분립(삼권 분립)

민주주의 국가에서 권력의 집중과 남용을 방지하기 위해 국가 권력이 어느 한 기관에 집중되지 않고 적절한 균형을 이룰 수 있도록 권력을 나누어 놓는 것

(4) 국민이 정치에 참여하는 방법

① **여론** : 국민 다수의 공통된 의견으로 정부는 여론에 귀를 기울여야 함.

② **선거** : 대표자를 선출하거나 직접 출마하는 것으로 가장 기본적인 정치 참여 방법

③ **집회·시위** : 다른 사람들에게 자신의 의견이나 주장을 직접 알리는 정치 참여 방법

④ **언론** : 신문이나 TV, 인터넷 등을 이용하여 사람들의 관심을 모으고 자신의 의견을 널리 알리는 것

(5) 한국 민주 정치의 발전

① **4·19 혁명(1960)** : 이승만 정권의 독재와 부정 선거에 저항

② **5·18 민주화 운동(1980)** : 군부 세력의 퇴진 및 민주정부 수립 등을 요구하며 광주 시민들을 중심으로 일어난 민주화 운동

③ **6월 민주 항쟁(1987)** : 비민주적인 군사독재 정권에 반대하여 전국적으로 일어난 민주화 운동으로 대통령 직선제 개헌이 이루어짐.

2 국회(입법부)

(1) **국회**

국민의 뜻을 반영하여 국민 생활에 필요한 법을 만들거나 국가의 중요한 일을 결정하는 곳

(2) 국회의원

국회의원은 국회의 구성원으로 국민들이 4년마다 선거를 통해 선출, 나라에 관련된 일을 논의하고 법을 제정함. 지역구 국회의원과 비례대표 국회의원으로 구분함. 피선 거권(18세 이상)

(3) 국회의 역할 : 입법기능, 재정기능, 국정통제기능

① 입법기능 : 법률을 만들거나 고침.

② 재정기능 : 행정부가 1년 동안의 나라 살림에 대한 계획을 수립하면 이를 심사하여 확정

③ 국정통제기능 : 행정부와 사법부가 자기 역할을 잘 수행하는지 감시하고 견제

(4) 국회의사당 : 국회의원들이 국정을 논의하는 장소로 한국 민주주의의 상징

(5) 국정감사 : 국회가 행정부가 한 국정 전반에 관한 조사를 행하는 것

3 행정부

(1) 행정부(정부)

국회가 만든 법을 기반으로 하여 국민에게 필요한 정책을 실시하면서 나라의 살림을 이끌어 가는 곳

(2) 행정부의 구성

① 대통령 : 국민의 직접선거로 5년마다 선출되며, 행정부의 최고 책임자이자 한국을 대표하는 정치 지도자로, 국무회의를 거쳐 국가의 여러 가지 중요한 일을 결정함.

※ 역대 대통령 : 이승만(1~3대, 대한민국 초대 대통령) → 윤보선(4대) → 박정희 (5~9대) → 최규하(10대) → 전두환(11~12대) → 노태우(13대) → 김영삼(14대) → 김대중(15대) → 노무현(16대) → 이명박(17대) → 박근혜(18대) → 문재인 (19대) → 윤석열(20대)

② 국무총리 : 행정 각 부처를 총괄하는 행정부의 2인자로서 대통령을 도와 행정부의 여러 정책을 종합적으로 관리하는 역할

③ 장관 : 대통령과 국무총리의 지휘를 받아 행정부의 국방, 외교, 문화, 경제 등 각 부처 일을 이끌어 가는 책임자

④ 국무회의 : 대통령 및 국무총리와 행정 각 부 장관을 비롯한 국무위원으로 구성된 행정부의 최고 심의 기관

(3) 대한민국 대통령의 지위와 권한

① 국군을 지휘하는 권한

② 공무원을 임명하는 권한

③ 외국과 조약을 체결할 수 있는 권한

④ 국회가 만든 법률안을 거부할 수 있는 권한

⑤ 범죄를 저지른 사람의 형벌을 줄여주거나 면제해 줄 수 있는 권한 등

(4) 정부의 역할

행정안전부	전자 정부, 지방 자치 제도, 선거·국민 투표 등에 관한 업무
기획재정부	경제정책과 예산 및 세제 등을 총괄
과학기술 정보통신부	과학기술정책의 수립 등과 과학기술의 연구개발, 정보보호, 정보통신산업, 우편관련 사무 등
통일부	통일, 남북대화와 교류 및 협력 등
국방부	국방 및 안보와 관련된 일
문화체육관광부	국정에 대한 홍보와 문화, 체육, 예술, 관광 등
산업통상자원부	산업육성과 무역 및 투자유치, 에너지 및 자원정책 등
환경부	자연환경과 생활환경의 보전 및 환경오염 방지에 관한 업무
농림축산식품부	농업, 축산, 산림 및 식품산업에 관한 업무
고용노동부	근로자의 노동조건 개선, 노사관계의 조정, 근로자의 복지 등
교육부	교육에 관한 중장기 발전계획을 수립하고, 다양한 교육제도 등을 개선하고 수립·시행
외교부	외교, 외국과의 통상교섭 및 조정, 외국 교민 보호 등
법무부	법질서와 관련된 일로 법을 집행
보건복지부	국민건강과 복지에 관한 정책을 수립하고 시행
여성가족부	여성정책, 영유아 보육사업, 성폭력 및 성매매 방지, 여성인력개발 업무
국토교통부	국토종합계획의 수립과 조정, 교통과 관련된 다양한 정책수립과 시행
해양수산부	해양자원의 보호와 개발 등에 관한 업무
중소벤처기업부	중소기업 정책의 기획·종합, 중소기업의 보호·육성, 벤처기업 등의 지원 등

4 법원(사법부)

(1) 법원의 역할 : 법을 해석하여 법에 따라 분쟁을 해결하는 곳으로 위법에 따른 처벌을 함.

   ① 판사 : 공정하게 재판을 진행하고 유죄, 무죄 여부와 유죄인 경우 얼마나 형벌을 줄 것인지를 결정하는 사람

   ② 검사 : 국가기관을 대신하여 피고인의 유죄를 주장하고, 이를 증명하기 위하여 필요한 증거를 제출하는 국가의 대리인

   ③ 변호사 : 피고인을 대리하여 피고인을 위한 주장을 하거나 피고인에게 유리한 증거를 제출하는 등 피고인을 방어하는 역할을 담당하는 사람

(2) 법원의 종류

   ① 대법원 : 최고 심급의 법원으로 3심을 담당

   ② 고등법원 : 2심을 담당하며, 특별시와 광역시에 있음.

   ③ 지방법원 : 1심을 담당하며, 서울과 지방의 중심도시에 있음.

   ④ 기타 : 가정과 소년에 관한 사건을 담당하는 가정법원, 행정사건을 담당하는 행정법원, 특허에 관한 사건을 담당하는 특허법원이 있음.

(3) 공정한 재판을 위하여 실시하는 제도

   ① 3심제도 : 공정한 재판이 이루어지도록 같은 사건에 대해 3번 심판을 받을 수 있음.

   ② 공개재판제도 : 특별한 경우를 제외하고 재판과정을 공개함.

   ③ 사법부의 독립 : 재판 중 외부의 간섭이나 영향을 받지 않음.

(4) 재판의 종류

   ① 민사재판 : 일반 개인들의 다툼에 관한 사건을 다루는 재판

   ② 형사재판 : 법에 의해 범죄로 인정되는 살인, 강도, 폭력, 절도 등의 범죄자를 처벌하기 위한 재판

   ③ 가사재판 : 결혼, 상속, 이혼, 자녀 양육 등의 내용을 다루는 재판

   ④ 기타 : 행정사건을 다투는 행정재판, 군사재판 등

   ※ 헌법재판소 : 한 나라의 최고법인 헌법을 수호하기 위해 만들어진 헌법재판 기관으로 기본권 침해 구제를 담당

5 한국의 선거 제도

(1) 선거

민주주의 국가에서 정치에 참여하는 기본적인 방법으로 국민이 자신을 대표할 사람을 직접 뽑는 것

(2) **선거권** : 투표할 수 있는 권리로 한국에서는 18세 이상이면 선거권이 주어짐.

(3) **투표** : 선거를 하거나 어떤 일을 결정할 때에 정해진 용지에 의사를 표시하여 일정한 곳에 내는 일

※ **사전투표** : 선거일에 다른 일정 때문에 투표를 할 수 없는 경우 미리 투표하는 제도

(4) **다수결의 원리** : 국가 정책을 결정할 때 보다 많은 사람들의 의견에 따른 결정

(5) **선거의 4대 원칙**

① **보통선거** : 국민으로서 18세가 되면 성별·재산·학력·권력·종교 등에 관계없이 누구나 선거에 참여할 수 있는 것

② **평등선거** : 성별·재산·학력·권력·종교 등의 조건에 관계없이 공평하게 한 표씩 투표하는 것

③ **직접선거** : 선거권을 가진 국민들이 직접 투표하여 자신의 대표를 뽑는 것

④ **비밀선거** : 투표한 사람이 어느 후보나 정당을 선택했는지 다른 사람이 알지 못하게 하는 것

(6) **선거의 종류**

① **대통령 선거(대선)** : 5년마다 치러지는 선거로 대통령을 선출(대통령 단임제)

② **국회의원 총선거(총선)** : 4년마다 치러지는 국회의원 선출 선거

③ **지방 선거** : 4년마다 치러지는 지방의회 의원, 지방자치단체장, 교육감 선출 선거

(7) **외국인의 정치 참여** : 한국에서 영주권을 얻은 뒤 3년이 지난 18세 이상의 외국인 중 지방자치단체의 외국인등록대장에 올라있는 사람은 투표(지방선거) 가능

6 지방자치제

(1) 지방자치제의 의미

① 지역 주민이 스스로 자기 지역의 대표자를 뽑아서 지역의 정치를 담당하도록 하는 제도

② 지역 주민의 삶에 가까이 밀착되어 있다는 의미에서 '풀뿌리 민주주의'라고도 부름.

(2) **필요성** : 지역의 특수성을 반영한 행정 업무를 처리하고, 중앙 정부의 권력 남용 방지

(3) **지방자치단체의 종류**

 ① **광역자치단체** : 특별시, 광역시, 특별자치시, 도, 특별자치도

 ② **기초자치단체** : 시 · 군 · 구

(4) **한국의 행정구역**

 ① **특별시(1개)** : 서울특별시

 ② **광역시(6개)** : 부산광역시, 대구광역시, 인천광역시, 광주광역시, 대전광역시, 울산광역시

 ③ **특별자치시(1개)** : 세종특별자치시

 ④ **도(6개)** : 경기도, 충청북도, 충청남도, 전라남도, 경상북도, 경상남도

 ⑤ **특별자치도(3개)** : 제주특별자치도, 강원특별자치도, 전북특별자치도

 ⑥ **특례시(4개)** : 수원특례시, 용인특례시, 고양특례시, 창원특례시, 화성특례시

---

02 한국의 법

1 법과 준법정신

 ① **법** : 질서를 유지하고 안정적으로 살 수 있도록 국민들이 정해둔 약속으로 정의의 실현이 목적임.

 ② **준법의 필요성**

  ㉠ 법이 없거나 지켜지지 않으면 질서가 무너져 사회 혼란 발생

  ㉡ 법을 준수하게 되면 질서가 유지되고 안정적인 삶을 누릴 수 있어 자기 자신의 권리는 물론 타인의 권리도 지킬 수 있음.

2 외국인의 권리와 의무

(1) **외국인의 법적 권리**

 ① 대한민국은 국제법과 국가 간 조약에서 정한 내용에 따라 외국인의 기본적인 지위

와 권리를 보장하고 있음.

② 한국인과 외국인은 인간이라는 점에서는 본질적으로 동등한 권리를 가짐. 생명, 재산, 취업, 노동 등과 관련한 기본적인 권리를 보호받을 수 있음.

③ **외국인에게도 보장되는 기본적 권리의 사례** : 행복추구권, 취업 시 근로기준법 적용

(2) **외국인의 법적 의무**

① 외국인도 한국에서 정한 법을 따라야 하고 소득에 대해 세금을 납부해야 함.

② 공공질서를 지켜야 할 의무

(3) **외국인과 법**

① **출입국관리법** : 대한민국에 입국하거나 대한민국에서 출국하는 사람들의 출입국관리 및 대한민국에 체류하는 외국인 등록 등에 관한 사항을 규정한 법

② **강제퇴거** : 외국인이 우리나라에 불법입국하였거나 질서를 어지럽히고 안전을 위협할 경우 강제로 본국이나 제3국으로 추방하는 행정처분

③ **외국인등록 대상 및 시기** : 대한민국에 입국하여 90일을 초과하여 대한민국에 체류하게 되는 외국인은 90일 이내에 외국인 등록을 해야 함.

④ **국적법** : 국적과 관련된 사항을 정한 법률

⑤ **영주권** : 일정한 요건을 갖춘 외국인에게 그 나라에서 장기적으로 거주할 수 있도록 부여하는 권리

3 가족과 법

(1) **결혼 생활과 법**

① **결혼 나이** : 한국에서 결혼을 하기 위해서는 18세 이상이 되어야 하고, 미성년자(19세 미만)는 부모의 동의를 얻어야 함.

② **혼인신고** : 결혼한 사실을 행정관청에 공식적으로 신고하는 일

③ **가족관계등록부** : 한국 국민의 등록 기준지, 성명·본·성별·출생연월일·주민등록번호, 출생·혼인·사망 등 가족관계의 발생 및 변동에 관한 사항이 담긴 자료

④ **출생** : 태어난 아기가 한국 국민으로 인정받기 위해서는 출생신고가 필요함.

⑤ **부부의 책임** : 부부는 서로에 대해 여러 가지 의무를 지니며, 이를 성실히 이행해야 함.

(2) **가정폭력** : 한국에서 가정폭력은 사회문제로 인식되며, 경찰 등의 도움을 받을 수 있음.

(3) 이혼의 종류와 방법

① **협의이혼** : 부부가 이혼하기로 합의하면 가정법원의 확인을 받아 이혼하는 것

② **재판상 이혼** : 협의이혼이 되지 않을 때 법원의 판결에 의해 인정되는 이혼

③ **위자료** : 다른 사람의 불법적인 행위로 인해 생긴 정신적 고통이나 피해에 대한 배상금으로, 이혼을 하는 데 원인을 제공하고 잘못이 있는 배우자는 상대방에게 위자료를 지급해야 함.

4 재산과 법

(1) 금전 거래와 계약

① **계약서 작성** : 계약서는 나와 상대방이 약속한 사실을 확인해 주는 문서로 차용증도 계약서에 해당

② **차용증** : 돈을 빌리는 사람과 빌려주는 사람의 이름과 서명, 빌린 돈의 액수, 이자, 돈을 갚을 날짜 등을 기록

(2) 부동산 거래

① **등기부등본** : 부동산등기부는 부동산에 관한 권리관계 및 현황이 등기부에 기재되어 있는 공적장부로, 등기부등본은 등기부 내용을 복사한 문서

② **임대차계약** : 상대방에게 물건이나 부동산을 빌려주는 대가로 일정한 돈을 받을 것을 내용으로 하는 계약(보통 2년)

③ **주택임대차 보호법** : 다른 사람이 소유한 집에 전세나 월세로 사는 사람을 보호하는 법

④ **전입신고** : 이사 온 사실을 주민등록부에 기록하는 것

⑤ **확정일자** : 법원, 주민센터 등에서 주택임대차 계약을 한 날을 확인해 주기 위해 계약서에 도장을 찍어주는 날짜

⑥ **공인중개사** : 토지·건물 등에 관한 매매, 교환, 임대차에서 이를 하고자 하는 사람들을 이어주는 매개체 역할을 하는 사람

5 생활 법률

① **쓰레기 무단 투기** : 쓰레기를 정해진 곳에 버리지 않거나 종량제 봉투를 사용하지 않으면 과태료를 부과. 각 지방자치단체에서는 신고포상제를 실시하고 있음.

② **무단횡단** : 신호를 무시하거나 횡단보도가 아닌 곳에서 길을 건너는 행위로 적발 시 벌금이 부과됨.

③ **음주운전** : 술을 마신 상태에서 운전하는 행위로 강하게 처벌하고 있음.

④ **학교폭력** : 학교 안팎에서 학생에게 피해를 주는 행위로 학교폭력이 발생하면 부모와 학교에 알려야 함.

⑤ **범칙금** : 범죄처벌법·도로교통법규 등을 범하거나 위반했을 때 부과하는 벌금

⑥ **안전띠** : 자동차·비행기 따위에서, 사고 시 충격으로부터 보호하기 위하여 사람을 좌석에 고정하는 장치

⑦ **몰래카메라** : 상대방의 동의를 받지 않고 몰래 촬영하는 행위로 심각한 범죄로서 엄하게 처벌받음.

6 한국의 법 집행과 권리 보호

(1) **형법의 기능**

① **형법** : 범죄의 유무와 형벌의 정도를 정해 놓은 법

② **죄형법정주의** : 어떤 행동이 범죄가 되고 그 행위가 어떤 처벌을 받는지를 미리 법률로 정해 놓는 것

(2) **한국의 법 집행기관**

① **경찰** : 국민의 생명과 신체, 재산의 보호, 범죄의 예방과 진압 및 수사, 교통 단속과 위해 방지, 그 밖의 질서유지 등

② **검찰** : 용의자의 법 위반 사실이 있다고 판단될 경우 범죄자를 처벌해 달라고 법원에 재판을 신청

(3) **권리를 보호해 주는 다양한 기관**

① **국가인권위원회** : 모든 개인의 기본적 인권을 보호하기 위한 국가기관

② **국민권익위원회** : 부패방지와 국민의 권리 보호 및 구제 서비스를 제공하는 국가기관

③ **외국인 지원센터** : 이민자나 외국인의 권리를 보호하는 기관

④ **대한법률구조공단** : 경제적으로 어렵거나 법을 모르기 때문에 법의 보호를 제대로 받지 못하는 사람들이 적법한 절차에 의하여 정당한 권리를 보호받을 수 있도록 하기 위한 기관

03 단원 핵심 문제

Hint

01
한국에서는 국회가 입법부의 역할을 담당하고 있다. 국회는 국민의 뜻을 반영하여 국민 생활에 필요한 법을 만든다.

02
국회의사당은 국회의원들이 국정을 논의하는 장소로 여의도에 위치한다.

03
국회의원의 임기는 4년이며, 모든 국민이 국가의 일을 결정하는 데 직접 참여하기 어려우므로 국회의원을 뽑는다.

정답 01 ① **02** ② **03** ①

한국의 정치

01 다음 〈보기〉와 같은 역할을 하는 국가기관은?

> **보기**
> • 국민을 대표하여 법을 제정
> • 정부가 예산안을 잘 짰는지, 예산을 적절히 사용했는지를 꼼꼼하게 따져 보는 일

① 국회   ② 헌법재판소
③ 감사원   ④ 법원

02 다음 〈보기〉에서 설명하고 있는 장소는?

> **보기**
> • 의회정치체제에서 국회의원들이 입법활동을 비롯한 제반 의회 기능을 수행하기 위해서 함께 모여 회의를 여는 장소
> • 서울 여의도에 있는 민주 정치의 상징

① 청와대   ② 국회의사당
③ 헌법재판소   ④ 정부종합청사

03 다음 중 국회와 국회의원에 대한 설명으로 옳지 않은 것은?

① 국회의원의 임기는 5년이다.
② 국민은 선거를 통하여 국회의원을 선출한다.
③ 국회의원이 되려면 대한민국 국민으로, 18세 이상이 되어야 한다.
④ 국회는 국민을 위한 법을 만들고, 법을 바꾸거나 없애기도 한다.

04 다음 중 행정부에 대한 설명으로 옳은 것은?

① 재판을 하는 국가기관이다.

② 예산안을 잘 짰는지 살펴본다.

③ 법을 만들고, 바꾸거나 없애는 일을 한다.

④ 법에 따라 국가 살림을 하는 곳이다.

05 다음 설명과 관련된 사람은?

> • 만약 대통령이 외국을 방문하거나 그 밖의 이유로 일을 하지 못할 때에 대통령이 할 일을 대신 맡아서 한다.
> • 대통령의 지명과 국회의 동의를 통해 정해진다.

① 헌법재판소장　　　　② 국무총리

③ 국회의장　　　　　　④ 대법원장

06 한국의 대통령에 대한 설명으로 옳지 <u>않은</u> 것은?

① 임기는 3년이다.

② 행정부의 최고 책임자이다.

③ 국무총리와 장관을 임명한다.

④ 국민이 직접 선거를 하여 뽑는다.

📂**Hint**

04
행정부는 국민에게 필요한 정책을 직접 집행하면서 나라의 살림을 이끌어 가는 국가기관이다.

05
국무총리는 행정부의 2인자로서 대통령을 도와 행정부의 여러 정책을 종합적으로 관리하는 역할을 맡는다. 국무총리는 선출되는 것이 아니라 대통령의 지명과 국회의 동의를 통해 정해진다.

06
대통령의 임기는 5년이다.

▸ 정답 **04** ④　**05** ②　**06** ①

07

헌법재판소는 독립적 기관으로 권력이 견제와 균형을 이루게 하고, 헌법 질서를 수호함으로써 국민의 기본권을 보장하고, 민주 정치 이념을 실현하는 것을 그 목적으로 하며, 위헌 여부나 탄핵, 정당 해산 심판 등 다양한 업무를 관장한다.

08

판사 : 재판을 이끌어 가며 법에 따라 심판하는 사람
변호사 : 피고인을 보호하고 도와주는 일을 하는 사람
검사 : 피고인이 잘못한 점을 지적하여 판사가 적당한 벌을 내리도록 요구하는 사람
증인 : 사건과 관련하여 자기가 보고 들은 사실을 말하는 사람

09

외국인의 정치 참여 : 한국에서 영주권을 얻은 뒤 3년이 지난 18세 이상의 외국인 중 지방자치단체의 외국인등록대장에 올라있는 사람은 투표(지방선거) 가능

07 다음 〈보기〉에서 설명하고 있는 장소는?

> 보기
> • 독립된 기관으로 헌법 질서 수호와 국민의 기본권 보장, 민주 정치 이념 실현
> • 대한민국 법령의 위헌 여부 심판, 탄핵 심판이나 정당 해산 심판

① 대법원 ② 헌법재판소
③ 국회의사당 ④ 경찰청

08 다음 〈보기〉에서 설명하는 사람은?

> 보기
> 피고인이 잘못한 점을 지적하여 적당한 벌을 내리도록 요구한다.

① 판사 ② 검사
③ 변호사 ④ 증인

09 외국인의 한국 선거 참여에 대한 내용으로 옳지 <u>않은</u> 것은?

① 20세 이상인 경우 외국인은 주민 투표가 가능하다.
② 한국은 아시아에서는 유일하게 영주권 받은 지 3년이 지난 외국인에게 투표권을 주고 있다.
③ 외국인등록대장에 올라간 경우에 한하여 외국인도 주민 투표가 가능하다.
④ 지방선거에서는 외국인도 투표할 수 있다.

한국의 법

01 다음 중 한국에 거주하는 외국인의 권리에 대한 설명으로 옳지 <u>않은</u> 것은?

① 한국에서는 국제법과 국가 간 조약에 따라 외국인의 권리를 인정하고 보호한다.

② 외국인은 대통령선거나 국회의원선거 등에 참여할 수 있다.

③ 외국인도 취업한 이후에 한국인과 동등하게 근로기준법 등에 의해 적절한 노동 조건을 보장받을 수 있다.

④ 범죄로부터 생명이나 재산을 보호받을 수 있으며 행복한 삶을 추구할 수 있는 권리를 보장받을 수 있다.

02 외국인의 법적 권리와 의무에 대한 설명으로 옳지 <u>않은</u> 것은?

① 외국인도 자녀가 의무교육을 받을 권리를 갖고 있다.

② 외국인도 건강보험 의료 서비스를 받을 권리를 갖고 있다.

③ 외국인도 한국에서 정한 법을 따라야 하고 소득에 대해 세금을 납부해야 한다.

④ 외국인은 지방선거에 참여할 수 없다.

03 외국인의 한국 체류에 대한 설명으로 옳지 <u>않은</u> 것은?

① 외국인이 한국에 입국하기 위해서는 여권과 사증이 필요하다.

② 외국인이 대한민국에서 취업하려면 취업활동을 할 수 있는 체류자격을 받아야 한다.

③ 외국인이 한국에서 90일 이상을 체류하기 위해서는 관할 출입국·외국인청에 외국인등록을 해야 한다.

④ 체류지를 변경할 경우에는 전입한 날로부터 7일 이내에 체류지 변경 신고를 해야 한다.

Hint

01
외국인은 대통령선거나 국회의원선거 등에 참여할 수 없다.

02
외국인의 정치 참여 : 한국에서 영주권을 얻은 뒤 3년이 지난 18세 이상의 외국인 중 지방자치단체의 외국인등록대장에 올라있는 사람은 투표(지방선거) 가능

03
체류지를 변경할 경우에는 전입한 날로부터 15일 이내에 체류지 변경 신고를 해야 한다.

정답 01 ② 02 ④ 03 ④

04
간이귀화란 부 또는 모가 대한
민국의 국민이었던 자 등 우리
나라와 특별한 혈연적·지연
적 결합관계에 있는 사람이 귀
화에 의해 대한민국 국적을 취
득하고자 하는 경우 국적취득
요건 중 국내거주기간 요건을
완화해주는 것이다.

05
등기부등본 : 부동산등기부는
부동산에 관한 권리관계 및 현
황이 등기부에 기재되어 있는
공적장부로 등기부등본은 등
기부 내용을 복사한 문서

04 다음 〈보기〉의 빈칸에 들어갈 알맞은 용어는?

> 보기
>
> (   )는 대한민국과 일정한 관계가 있는 외국인이 대한민국 국적
> 을 취득하는 절차이다. 부모 중 최소 한 쪽이 한국 국민이었던 경
> 우, 부모 중 최소 한 쪽이 한국에서 태어났으며 본인도 한국에서
> 태어난 경우, 성년일 때 입양되어 한국 국민의 양자가 된 경우에
> (   )신청이 가능하다.

① 일반귀화　　　　　　② 특별귀화
③ 간이귀화　　　　　　④ 정기귀화

05 다음 〈보기〉의 빈칸에 공통으로 들어갈 용어는?

> 보기
>
> 부동산 계약 전에 (   )을 확인하는 것은 집을 꼼꼼하게 살펴보
> 는 것 이상으로 중요하다. (   )을 보면 집주인의 이름, 주소, 집
> 의 면적과 구조, 집주인의 채무관계 등을 확인할 수 있다. (   )
> 은 주로 인터넷으로 쉽게 발급받을 수도 있다.

① 차용증　　　　　　② 영수증
③ 사증　　　　　　　④ 등기부등본

Chapter
04 한국의 경제와 지리

01 한국의 경제

1 한국의 화폐

(1) 동전

1원	▲ 무궁화	5원	▲ 거북선
10원	▲ 다보탑	50원	▲ 벼이삭
100원	▲ 이순신	500원	▲ 학(두루미)

(2) 지폐

▲ 천 원 – 퇴계 이황

▲ 오천 원 – 율곡 이이

▲ 만 원 – 세종대왕

▲ 오만 원 – 신사임당

(3) 그 외의 결제 수단

① 수표 : 10만 원 이상 큰 금액의 현금을 대신하여 은행에서 발행된 화폐. 사용할 때 신분증을 제시하고 수표 뒷면에 이름과 연락처 등을 적는다.

② 기타 : 신용카드, 체크카드, 모바일 간편 결제 서비스 등

2 경제 활동과 한국의 경제 성장

(1) 물가

여러 가지 재화나 가치를 종합하여 계산한 평균적인 가격으로, 한국은 다른 나라에 비해 공공요금은 싼 편이나 식재료 등의 가격은 비싼 편임.

(2) 한국의 경제 성장

① 한강의 기적 : 한국의 눈부신 성장을 가리켜 부르는 말

② 경제 성장의 원동력 : 풍부한 노동력, 높은 교육열, 경제적 위기를 극복하겠다는 의지 등

3 장보기와 소비자보호

(1) 다양한 종류의 시장

① 정기시장 : 정해진 날짜에만 열리는 시장으로 3일에 한 번씩 열리면 3일장, 5일에 한 번씩 열리면 5일장이라고 부름.

② 전통시장(재래시장) : 소상인들이 모여서 갖가지 물건을 직접 판매하는 전통적 구조의 시장으로, 물건 값이 대체로 싸고 상인들의 인심이 좋아 사람들이 많이 몰림.

③ 백화점이나 대형 마트 : 농수산물부터 공산품에 이르기까지 다양한 종류의 물건을 팔고 있는 현대식 시장

(2) 텔레비전 홈쇼핑과 온라인 쇼핑

① 홈쇼핑 : TV를 통해 방송되는 상품을 전화나 인터넷으로 주문해서 구입할 수 있는 시장

② 인터넷 쇼핑 : 인터넷을 이용하여 편리하게 상품을 구입함.

③ 지역사랑 상품권 : 지방자치단체에서 발행하는 상품권으로 해당 지역의 가맹점에서만 사용할 수 있는 상품권

(3) 소비자의 권리와 책임

① 물건 구입과정이나 구입 후 피해를 입게 되었을 때 수리, 교환, 환불, 피해보상을 주장할 수 있음.

② **소비자단체** : 소비자가 자신의 권리를 증진하기 위해 만든 단체로 한국소비자연맹, 한국 YWCA, 녹색소비자연대, 한국부인회 등

③ **영수증** : 대금이나 물품 등을 받은 사실을 증명하기 위해 교부하는 문서

④ **신용카드** : 그 사람의 경제적인 신용을 이용하여 현금 없이도 물건이나 서비스를 살 수 있는 제도

(4) 소비자의 권리와 이익을 위한 제도

① **유통기한 표시제** : 상품이 시중에 유통될 수 있는 기한을 표시해 제조사별로 생산 후 특정 기간 이내에 사용하도록 만든 제도

② **원산지 표시제** : 수입상품의 생산국적을 명확히 하기 위해 농수산물 및 그 가공품 의 원산지표시를 의무화한 제도

③ **제조물 책임법** : 제조물의 결함에 의한 피해로부터 소비자를 보호하기 위한 제도로 소비자가 피해사실만 밝히면 제조사나 공급자가 자신의 잘못이 아님을 입증해야 책임을 면할 수 있음.

④ **리콜 제도** : 문제가 있는 상품을 생산자가 도로 거두어들이는 것으로 회사 측이 제 품의 결함을 발견하여 보상해 주는 소비자보호제도

⑤ **한국소비자원** : 소비자의 권리와 이익을 위해 소비자 교육, 소비자를 위한 여러 검 사나 연구, 소비자가 피해를 입었을 때 피해 구제 및 분쟁 조정 등의 역할을 함.

4 금융

(1) 은행에서 하는 일

① 개인이 돈을 맡기거나 빌리는 대표적인 금융기관

② 송금, 공과금·아파트 관리비·대학등록금 납부, 환전, 신용카드 개설 등과 관련 된 업무를 함.

(2) 은행의 종류

① **한국은행** : 우리나라의 통화량을 조절하는 중앙은행으로, 화폐를 발행하는 발권은행

② **시중은행** : 개인이 돈을 맡기거나 빌리는 대표적인 금융기관으로 전국 곳곳에 지점 이 설치된 은행

③ **지역은행** : 특히 지역 경제의 발전에 필요한 자금을 공급하는 것을 주된 목적으로 광역시나 도에 설립된 은행

④ **상호저축은행** : 시중은행보다 금리가 높은 편이지만, 시중은행에 비하여 규모가 작고 안전성이 다소 떨어짐.

⑤ **인터넷 전문 은행** : 온라인 네트워크를 통해 금융서비스를 제공하는 은행

(3) 금융 거래 방법

① 본인이 신분증을 가지고 직접 은행을 방문해서 본인의 이름으로 계좌를 만듦.

② **외국인이 은행에서 계좌를 만들기 위해 필요한 서류** : 여권과 외국인등록증

③ ATM(현금인출기), 인터넷뱅킹, 스마트폰뱅킹 등으로 금융 거래 가능

(4) 다양한 금융 상품

① **주식** : 예금보다 많은 돈을 벌 수 있지만 투자했던 돈을 잃어버릴 수 있으며 보통 증권회사의 계좌를 이용

② **보험** : 미래의 질병이나 사고 등에 대비하기 위해 일정한 돈을 미리 내는 것

③ **보통예금** : 아무 때나 자유롭게 예금하고 찾을 수 있음.

④ **정기적금** : 조금씩 꾸준히 예금하고 만기일에 한꺼번에 찾음.

⑤ **정기예금** : 큰돈을 한꺼번에 예금하여 이자를 얻음.

(5) 기타 금융 관련 상식

① **예금자 보호 제도** : 한국에서는 사람들이 안심하고 예금할 수 있도록, 거래하고 있던 금융기관이 부실해지거나 망하여 예금을 지급할 수 없게 되는 경우 예금보험공사가 책임지고 대신 예금을 지급해 주는 제도

② **텔레뱅킹** : 직접 은행을 찾지 않고 전화로 금융 거래가 가능한 제도

③ **인터넷 뱅킹** : 인터넷을 통해 입출금 등 은행 관련 업무를 보는 일로 공동인증서와 OTP를 통해 1회용 비밀번호를 입력하여야 함.

5 취업하기

(1) 한국의 일자리 상황

부족한 사회보장제도로 인한 실업의 고통, 치열한 취업 경쟁, 비정규직 증가

(2) 노동여건을 개선하려는 정부의 노력

일자리 문제를 해결하기 위해 여러 가지 교육 프로그램 제공, 사회보장제도 확대 등의 노력을 기울이고 있음.

(3) 외국인이 한국에서 취업하기 위한 준비 사항

① 일자리 정보 얻기 : 신문이나 인터넷 등에 올라온 구인광고

② 해당 분야에 필요한 능력을 갖추기 : 각종 직업학교나 평생교육기관, 한국산업인력공단 등에서는 여러 가지 전문적인 직업교육 프로그램 활용, 관련 분야에서 현장 실무 경험 쌓기

③ 취업할 때 주의해야 할 점 : 취업하려고 하는 업체가 정식으로 등록된 것인지 확인, 노동자가 누릴 수 있는 기본적인 권리 알아두기, 취업 시에는 근로계약서를 반드시 작성

④ 근로기준법 : 근로자를 보호하기 위해 헌법에 의거하여 근로 조건의 기준을 정하여 놓은 법률

02 한국의 지리

1 한국의 지형

(1) 한국의 산

① 백두산(2,744m) : 한반도에서 가장 높은 산으로 천지호가 있으며, 중국과 북한의 경계에 있다.

② 한라산 : 제주도에 있는 남한에서 가장 높은 산으로 백록담이 있다.

③ 설악산 : 강원도 속초, 인제, 양양에 걸쳐있는 국립공원. 아름다운 경치로 늘 관광객이 많다.

④ 백두대간 : 백두산에서 지리산까지 이어지는 한반도에서 가장 높고 긴 산줄기이다.

(2) 한국의 섬

① 제주도 : 한라산이 있는 섬으로 여자, 바람, 돌이 많아 삼다도라 부르며, 국제 관광지로 유명하다.

② 울릉도 : 화산활동에 의해 형성된 섬으로 특산물로 오징어가 유명하다.

③ 독도 : 국토의 가장 동쪽에 있는 섬으로 일본과의 영토 분쟁이 계속되고 있다.

④ 마라도 : 대한민국의 가장 남쪽에 있는 섬이다.

(3) 한국의 바다

① 한반도 : 3면이 바다인 한국은 동쪽, 남쪽, 서쪽이 바다로 둘러싸여 있으며, 한 곳만 육지로 연결되어 있다.

② 동해안 : 해안선이 비교적 단순하고 수심이 깊다. 모래사장이 발달하였으며, 섬이 거의 없다.

③ 남해안, 서해안 : 해안선이 복잡하고 섬이 많다.

④ 넓은 갯벌(세계 5대 갯벌) : 밀물과 썰물이 드나드는 바닷가나 강가의 넓고 평평하게 생긴 땅으로, 다양한 동식물이 살아가는 곳이다.

(4) 한국의 강

① 한강 : 강원도에서 시작하여 서울을 가로지르는 강으로, 서해로 흘러간다.

② 압록강과 두만강 : 한반도는 북서쪽으로 압록강을 경계로 중국과 경계를 이루고, 북동쪽으로는 두만강을 경계로 중국 및 러시아와 마주하고 있다.

③ 낙동강 : 강원도에서 시작하여 남해로 흘러드는 대한민국에서 가장 긴 강이다.

④ 금강 : 전라북도에서 시작하여 전라북도와 충청남도의 경계를 이루며 서해로 흐르는 강이다.

2 한국의 주요 지역

(1) 서울

① 서울은 대한민국의 수도로 정치, 경제, 문화, 교육의 중심지

② 많은 인구 : 대한민국 인구의 약 1/5이 서울에 집중되어 있다.

③ 국제행사의 개최지 : 1986년 아시안게임과 1988년 서울올림픽, 2010년 G20 서울 정상회의 등

(2) 부산

한국 제2의 도시로 아시안게임 개최, 해운대(국내 최대의 해수욕장), 부산 국제영화제(BIFF) 개최

(3) 인천

한국의 대표적인 항구도시로 인천국제공항은 한국 최대의 공항

(4) 경주

신라 시대의 수도로 불교 예술과 문화유산(석굴암, 불국사)이 위치함.

(5) 세종

주요 행정기관 이전으로 행정의 새로운 중심지 역할을 하고 있는 곳

(6) 광주

광주시민이 중심이 되어 전개한 5·18 민주화운동이 일어난 곳

3 한국의 기후

(1) 한국의 4계절

계절	기간	특성	현상
봄	3~5월	포근하고 따뜻함.	진달래, 벚꽃 등 꽃놀이 즐김.
		황사	마스크 준비
		꽃샘추위	두꺼운 옷
여름	6~8월	무덥고 습함.	열대야, 피서
		집중호우, 태풍, 장마	비가 많이 내림.
가을	9~11월	화창하고 건조함.	추수, 낙엽, 단풍놀이
겨울	12~2월	춥고 건조하며 눈이 내림.	눈썰매, 스키
			김장을 담금.

(2) 계절에 따른 기후 현상

① **꽃샘추위** : 이른 봄철, 날씨가 풀린 뒤 다시 일시적으로 추워지는 것을 말한다.

② **황사** : 사막 지역의 작은 모래나 먼지가 하늘에 떠다니다가 바람을 타고 멀리까지 날아가 떨어지는 현상을 말한다.

③ **태풍** : 북서태평양에서 발생하는 강력한 열대성 저기압으로 많은 비와 강한 바람이 발생한다.

④ **장마** : 6월 하순에서 7월 하순 사이에 많은 비가 지속적으로 내리는 것으로, 장마 전선 때문에 나타난다.

4 지역별 관광명소와 축제

지역		관광명소	축제
수도권		• 청와대, 국회의사당 • 명동, 남대문시장, 청계천 • 강화도 갯벌	• 하이 서울 페스티벌 • 서울무형문화재 축제 • 이천 세계 도자기 엑스포 • 고양국제꽃박람회
강원충청 지역	강원	해수욕장(경포대, 낙산, 망상)	• 경포대 해돋이 축제 • 태백산 눈꽃 축제
	충청	석회암 동굴(고수굴, 천동굴)	• 백제 문화제 • 보령 머드 축제
경상전라 지역	경상	창녕 우포늪	• 통영 한산대첩 축제 • 진해 군항제 • 안동 국제 탈춤 페스티벌 • 울릉도 오징어 축제
	전라	슬로 시티(증도, 청산도, 담양)	• 전주 세계 소리 축제 • 남도 음식 문화 큰잔치 • 남원 춘향제

04 단원 핵심 문제

 한국의 경제

01 한국의 화폐에 대한 설명으로 옳지 <u>않은</u> 것은?

① 지폐로는 1,000원, 5,000원, 10,000원, 50,000원이 있다.
② 100,000원 이상의 다양한 금액의 수표를 사용할 수 있다.
③ 오천 원권에는 유일한 여성인 신사임당이 그려져 있다.
④ 동전은 10원, 50원, 100원, 500원이 있다.

01
오만 원권에는 지폐의 인물 중 유일한 여성인 신사임당이 그려져 있다. 신사임당은 오천 원권에 나타나 있는 이이의 어머니이다.

02 다음 빈칸에 들어갈 알맞은 말은?

세계는 동족상잔의 비극으로 폐허가 된 국토를 딛고 눈부신 경제 성장을 이룬 대한민국에 많은 관심을 가졌다. 어느 연구에서는 (　　　)을 가져온 원동력으로 첫째 정부의 적극적인 역할, 둘째 대외 개방형 경제 전략, 셋째 국제 환경, 넷째 교육과 인재 양성, 다섯째 유교 전통, 여섯째 불굴의 창업 정신 등을 꼽았다. 오늘날 대한민국의 경제 발전 사례는 후발 공업국들의 모범이 되어 많은 외국인이 기술을 배우기 위해 대한민국을 찾고 있다.

① 한강의 변화
② 한강의 기적
③ 한강의 소득
④ 한강의 복구

02
한강의 기적 : 한국의 눈부신 성장을 가리켜 부르는 말

정답 **01** ③　**02** ②

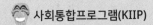

📁 **Hint**

03
편의점은 편리함(convenience)을 개념으로 도입된 소형 소매점포로, 연중무휴·24시간 영업 등을 특징으로 한다.

04
TV 홈쇼핑은 가정에서 컴퓨터·전화 등으로 물건을 사는 통신판매의 하나이다.

05
정기적금은 이자율이 높다.

03 다음 〈보기〉에서 설명하고 있는 장소는?

> 보기
>
> 24시간 문을 여는 가게로서 식료품을 비롯한 다양한 물품을 판매한다. 매장이 작아 물건을 찾기 쉬우므로 한두 가지 물건을 급하게 사야할 때 편리하다.

① 편의점   ② 재래시장(5일장)
③ 동네 슈퍼마켓   ④ 대형마트

04 다음 〈보기〉에서 설명하고 있는 장소는?

> 보기
>
> 상품 광고를 보고 즉시 전화, 또는 인터넷으로 주문할 수 있으며 의류, 식품, 화장품, 가전제품, 보험 등 다양한 상품을 판매한다. 편리하지만 필요 없는 물건을 충동적으로 구매할 수 있으므로 주의해야 한다.

① TV 홈쇼핑   ② 재래시장(5일장)
③ 백화점   ④ 대형마트

05 저축의 종류에 대한 설명 중 옳지 <u>않은</u> 것은?

① 보통예금 : 언제나 자유롭게 돈을 예금했다가 찾아 쓸 수 있는 예금으로 이자율이 낮다.
② 정기예금 : 목돈을 꽤 오랜 기간 동안 찾지 않고 은행에 맡겨 두는 예금으로 이자율이 높다.
③ 정기적금 : 매달 일정한 금액을 넣어 정해진 기간이 끝난 후 목돈이 되는 예금으로 이자율이 낮다.
④ 자유저축예금 : 가계 저축을 우대하기 위한 예금으로 장기예금 시 이자율이 높다.

정답 03 ① 04 ① 05 ③

한국의 지리

01 한국의 계절에 대한 설명으로 옳지 <u>않은</u> 것은?

① 봄, 여름, 가을, 겨울의 4계절이 뚜렷한 구분이 없다.

② 3월에는 따뜻한 옷이 필요하고 4월에는 가벼운 옷차림이 좋다.

③ 8월부터 9월 사이에 많은 비와 거센 바람을 거느린 태풍이 몇 차례 지나간다.

④ 겨울에는 눈이 많이 오고 추운 날씨가 이어진다.

02 다음 〈보기〉의 밑줄 친 '이 도시'의 이름은?

> 보기
>
> 국경 없는 마을이 위치한 <u>이 도시</u>는 상점의 90%가 외국인 관련 상점들이 입주해 있으며, 세계 여러 나라의 음식을 맛볼 수 있다. 특히, 이곳에 있는 세계 문화 체험관에서는 중국, 베트남, 일본, 인도네시아 등 다양한 나라의 악기, 의상, 인형, 유물, 놀이 문화를 체험해 볼 수 있다.

① 이천　　　　　　② 고양

③ 안산　　　　　　④ 인천

03 다음 〈보기〉의 빈칸에 들어갈 지역 축제는?

> 보기
>
> (　　)는 국내 최대 규모의 꽃 축제이자 대한민국 유일의 화훼 전문 박람회로, 일산 호수공원과 원당 화훼단지에서 동시 개최된다. 화훼 예술의 극치를 만날 수 있는 실내 정원, 다채로운 야외 테마정원, 풍성한 문화 공연 프로그램, 저렴한 화훼 직판장 등이 운영된다.

① 태백산 눈꽃 축제　　② 고양국제꽃박람회

③ 진해 군항제　　　　　④ 이천 세계 도자기 엑스포

📁 **Hint**

01
봄, 여름, 가을, 겨울의 4계절이 분명한 온대기후이다.

02
한국에 거주하는 외국인들이 늘어나면서 외국인들이 특정 지역에 모여 있는 외국인 마을도 늘어나고 있다. 서울 외에도 경기도 안산의 국경 없는 마을과 인천의 차이나타운 등을 들 수 있다.

03
고양국제꽃박람회는 국내 최대 규모의 꽃 축제로 수도권의 대표적 축제이다.

정답 **01** ①　**02** ③　**03** ②

05 한국의 역사

01 한국사의 흐름과 고조선

1 역사의 의미

① **역사 학습의 목적** : 과거의 사실을 통해 현재를 바르게 이해하고, 한국 문화와 전통의 특징을 이해하며, 다른 나라의 역사와 문화를 존중하는 태도를 가짐.

② **한국사의 흐름**

연도	B.C. 2333년	676년	918년	1392년	1910년	1945년	1948년
사건	고조선 건국	신라 삼국통일	고려 건국	조선 건국	일본 강제합병	주권회복	대한민국 정부 수립

2 고조선

① **고조선의 건국** : 기원전 2333년 청동기 시대가 시작될 무렵 세워진 한국 최초의 국가

② **건국한 사람** : 단군왕검으로 하늘에 제사를 지내는 제사장을 뜻하는 '단군'과 정치 지배자를 뜻하는 '왕검'이 합쳐진 말임.

③ **도읍지와 건국 이념** : 아사달을 도읍으로 하여 나라를 세우고, '널리 인간을 이롭게 한다'라는 뜻의 '홍익인간'을 나라를 세운 정신으로 삼음.

④ **단군신화** : 환웅 부족과 곰 숭배 부족이 연합하여 고조선이 세워졌다는 이야기로 『삼국유사』라는 책에 기록되어 전해짐.

⑤ **고조선의 유물** : 비파형 동검, 고인돌

⑥ **고조선의 사회 모습(8조법)** : 신분 사회였으며 엄격한 법률로 질서를 유지, 개인의 재산 인정, 화폐 사용

⑦ **참성단** : 단군이 하늘에 제사를 올리던 곳으로 강화도 마니산에 있으며, 해마다 개천절(10월 3일)에 이곳에서 단군의 제사를 지냄.

02 삼국 시대와 남북국 시대

1 삼국 시대 : 백제, 고구려, 신라

(1) 백제

    ① **건국** : 주몽의 아들인 온조가 한강 유역으로 내려와 건국, 백제·신라·고구려 중 가장 먼저 발전한 나라

    ② **근초고왕** : 4세기 백제의 왕으로 남해안까지 영토를 확장하였으며, 중국과 일본 지역과도 활발하게 무역

    ③ **주요 문화재** : 금동대향로와 금제장식, 정림사지 5층 석탑, 미륵사지 석탑 등

    ④ **일본으로 건너간 백제의 찬란한 문화** : 화려하고 섬세한 문화를 발전시켜 왜국의 발전에 많은 도움을 줌.

(2) 고구려

    ① **주몽(동명성왕)** : 압록강 부근의 졸본 지역에서 고구려를 세운 왕으로 활을 잘 쏘았음.

    ② **소수림왕** : 불교를 받아들이고 태학(교육기관)을 설립하여 고구려 전성기의 기틀을 마련

    ③ **광개토대왕** : 한반도 중부 지방과 만주까지 영토를 넓혀 가장 넓은 영토를 차지하였음(광개토대왕릉비).

    ④ **장수왕** : 수도를 평양성으로 옮기고 한강 남쪽을 차지하여 백제와 신라를 위협

    ⑤ **살수대첩** : 고구려의 장군 을지문덕이 수나라 군사를 살수(청천강)로 유인하는 작전을 펴 큰 승리를 거둔 전쟁

    ⑥ **주요 문화재** : 광개토대왕릉비, 무용총의 수렵도, 수산리 고분 등

(3) 신라

    ① **박혁거세** : 경주 지역에서 신라를 세운 인물로 신라는 삼국 중 가장 늦게 국가로 성장

    ② **법흥왕** : 왕권을 강화하고, 불교를 받아들여 신라의 기반을 만든 왕

    ③ **진흥왕** : 신라 전성기의 왕으로 한강 유역을 확보하여 삼국 통일의 기반을 마련(진흥왕 순수비)

④ **화랑도** : 진흥왕은 귀족과 평민의 청년들로 구성된 화랑도를 국가적인 조직으로 만들어 인재를 길러냄.

⑤ **주요 문화재** : 경주 분황사 모전석탑, 첨성대(동양에서 가장 오래된 천문대) 등

⑥ **신라의 '가배'** : '한가위'라고도 불리는 추석(음력 8월 15일)의 시작으로 신라 시대 때 길쌈놀이에서 기원함.

2 **남북국 시대 : 통일신라와 발해**

(1) **통일신라**

① **신라의 삼국 통일** : 신라가 당과 연합 → 백제 멸망(660년) → 고구려 멸망(668년) → 당이 한반도 전체를 차지하려 함 → 나・당 전쟁(매소성 전투, 기벌포 해전) → 신라가 당을 몰아내고 삼국 통일(676년)

② **김유신** : 화랑 출신으로 당나라를 몰아내고 삼국 통일에 큰 역할을 한 인물

③ **문무왕** : 당나라 세력을 몰아내고 삼국 통일을 완성한 왕으로 하나 된 신라를 만들기 위하여 노력함.

④ **장보고** : 완도에 청해진을 짓고 수군을 훈련시켜 해적들을 소탕하였으며, 당나라와 일본과의 무역을 주도

⑤ **주요 문화재** : 불국사 삼층 석탑(석가탑)과 다보탑, 석굴암, 무구정광 대다라니경 등

(2) **발해**

① **발해의 건국** : 대조영이 고구려 유민과 말갈족의 무리를 이끌고 동모산 근처에 도읍을 정하고 발해를 건국

② **해동성국** : 발해가 가장 영토가 넓었던 시기에는 고구려의 옛 땅을 대부분 되찾아 당시 중국에서 불렀던 이름으로 '바다 동쪽의 큰 나라'라는 뜻임.

③ **발해의 문화** : 고구려를 계승하여 씩씩하고 독창적인 문화를 발전시킴, 발해 석등과 기와가 유명

03 고려 시대와 조선 시대

1 고려 시대

(1) 고려의 건국과 후삼국의 통일

① **후삼국 시대** : 시간이 흐르면서 신분 제도의 한계와 지배층의 사치로 백성은 혼란에 빠졌고 결국 통일신라는 후백제, 후고구려, 신라의 삼국으로 나뉘어짐.

② **고려의 건국(918년)** : 왕건은 후삼국을 통일하고 고려를 세워서 민족 통일을 다시 이루었으며 북진 정책을 추진

③ **왕건의 청동상** : 고려 태조 왕건의 무덤(현릉) 옆에서 발견된 청동상으로 머리에 황제가 쓰는 통천관을 쓰고 있음.

(2) 고려의 발전과 변화

① **고려의 발전** : 유교와 불교의 발달, 시험을 통해 인재를 뽑는 과거제 실시

② **무신정변** : 무신이 중심이 되어 왕을 귀양 보내고, 권력을 차지

③ **몽골의 침략** : 강화도로 도읍을 옮기고 몽골에 맞섬, 원의 간섭을 받음.

④ **고려의 변화** : 14세기에는 왜구와 홍건적의 침입을 받았으며, 이를 물리치는 과정에서 이성계 등 새로운 세력이 성장함. → 조선을 건국

(3) **고려의 대외 교류** : 벽란도가 고려 무역의 중심지로 송나라, 일본, 동남아시아의 상인들이 무역을 활발히 하였으며, 고려가 '코리아'로 이름이 알려짐.

(4) 고려의 사회

① 고려는 신분사회로 신분에 따라 생활모습이 달랐음.

② **가족 제도** : 일부 일처제가 일반적이었으며, 가족 내에서 남녀의 권리가 거의 동등함.

(5) 고려의 문화

① **고려청자** : 특유의 맑고 푸른빛과 부드럽고 생동감 넘치는 모양으로 아름다움이 뛰어나 외국으로 많이 수출되었음.

② 『**직지심체요절**』 : 세계에서 가장 오래된 금속 활자본으로 고려인들의 뛰어난 인쇄술을 잘 보여주고 있음.

③ 『**삼국사기**』 : 고려의 학자 김부식이 유교적 관점에서 만든 삼국 시대에 관한 가장 오래된 역사서

(6) 고려의 인물

① 강감찬 : 압록강 근처의 귀주에서 거란의 침략을 크게 물리친 장군(귀주 대첩)

② 문익점 : 중국에서 목화씨를 들여와 고려인들이 따뜻한 솜옷을 입고 겨울을 보낼 수 있게 함.

2 조선 시대

(1) 조선의 건국

① 조선의 건국(1392년) : 이성계는 건국 후 고조선을 계승한다는 의미에서 나라 이름을 '조선'이라 하고, 도읍을 '한양'으로 옮김.

② 한양을 도읍지로 정한 이유 : 현재의 서울로 나라의 중심에 위치하고, 넓은 평야가 있으며 물을 구하기 쉽고 교통이 편리한 곳임.

③ 유교 정치 : 조선은 유교를 바탕으로 정치와 생활이 이루어짐.

(2) 조선의 발전

① 태종의 업적

㉠ 16살 이상의 남자는 모두 호패를 차도록 하는 법을 시행, 왕권 강화를 위해 사병 폐지

㉡ 신문고 제도 실시 : 조선 시대에 백성이 억울한 일이 있을 때 사용하도록 만든 북의 이름

② 세종과 조선의 발전

㉠ 『농사직설』 편찬, 훈민정음 창제 등의 업적을 이룸.

㉡ 집현전 : 세종대왕이 유교 정치 실현과 문화 발전을 위해 설치한 학문 연구 기관

㉢ 과학기술의 발달 : 앙부일구(해시계), 자격루(물시계), 측우기(비가 내린 양을 재는 기구), 혼천의(천체 관측 기구)

③ 성종의 『경국대전』 : 조선 최고의 법전으로 사회질서를 유지하고 백성을 다스리는 데에 중요한 역할을 함.

④ 『조선왕조실록』 : 태조로부터 철종까지의 역사를 기록한 책으로 1997년 유네스코 세계기록유산으로 등재됨.

(3) 임진왜란과 병자호란

① 임진왜란(1592년) : 일본이 명나라로 가는 길을 내어 달라는 구실로 조선을 침략한 사건

ㄱ 조선 수군의 주요 전투 : 한산도 대첩(이순신 장군이 이끄는 조선 수군이 학익진 전법으로 일본 수군을 크게 무찌름), 명량 대첩(이순신 장군이 왜선 130여 척을 단 13척으로 무찌름), 노량 대첩(임진왜란의 마지막 해전으로 이순신 장군이 전사함)

ㄴ 권율 장군 : 임진왜란 당시 행주산성에서 백성들의 힘을 모아 일본군을 크게 물리친 장군(행주 대첩, 1593)

② 병자호란 : 청의 침입으로 발생 → 군사력이 약한 조선의 항복

(4) 조선 후기의 정치 변화

① 영조 : 왕권을 강화하고 나라를 바로 세우기 위하여 탕평책을 실시

② 정조

ㄱ 업적 : 탕평책 실시, 규장각 설치, 수원 화성 설치

ㄴ 수원 화성 : 정조 때 경기도 수원에 만든 성곽으로 조선의 뛰어난 건축물. 그 건축 과정이 '화성성역의궤'에 기록되어 있음.

(5) 조선 후기의 문화

① 실학 : 정치를 개혁하고 농업과 상공업을 발달시켜 백성의 생활에 도움을 주고자 하는 새로운 학문으로 정치, 경제, 사회 등 여러 분야에 걸쳐 변화를 주장

② 실학자 정약용 : 농사짓는 땅은 농민이 가져야 한다고 주장하였을 뿐만 아니라, 과학 기술과 상공업 발달에도 많은 관심을 보임(거중기 제작).

③ 서민 문화 발달 : 한글 소설, 판소리, 탈놀이, 민화 유행

④ 김정호의 '대동여지도' : 조선 시대에 만들어진 가장 정확하고 정밀한 과학적 실측 지도로 높이 평가되고 있음.

04 일제 강점기와 한국 현대사

1 개항 이후 근대 국가 수립을 위한 노력

① 흥선 대원군 : 서양 열강들의 통상 요구를 거부하는 정책을 실시

② 강화도 조약 : 조선이 근대에 들어서 최초로 맺은 조약으로 일본과의 조약이다. 조선

의 권리는 나타나 있지 않은 불평등 조약

③ **갑신정변(1884년)** : 김옥균을 비롯한 개화파들이 뜻을 펴기 위해 일으킨 정변

④ **갑오개혁(1894년)** : 동학 농민 운동과 청・일 전쟁 이후 조선이 근대 국가로 발돋움하기 위하여 실시한 개혁

⑤ **독립협회** : 독립문 건립, 집회를 열어 외국의 침략 행위 비판

2 일본의 침략

① **을미사변** : 조선이 일본의 간섭을 피하려 다른 열강들과 가까이 지내자 일본이 불리해진 정세를 되돌리기 위해 경복궁에 침입하여 명성 황후를 시해한 사건

② **을사조약(1905년)** : 일본에 의해 강제로 맺어진 조약으로 이로 인해 일본에게 외교권을 빼앗겨 자주적으로 다른 나라와 조약 등을 맺을 수가 없게 됨.

③ **한・일 병합 조약** : 일본이 친일 단체인 일진회를 동원하여 한・일 병합 여론을 조성한 후 대한 제국의 국권을 빼앗은 조약

④ **일본군 위안부** : 일본 군인을 위해 강제로 성노예 생활을 해야만 했던 한국인 여성

3 한국인들의 독립운동

① **3・1 운동(1919년)** : 1919년 3월 1일을 기점으로 하여 일본의 식민지 지배에 저항하여 전 민족이 참여한 독립 만세 운동

② **대한민국 임시정부** : 3・1 운동 직후 조국의 독립을 위하여 중국 상하이에서 조직하여 선포한 임시정부로 수립 이후 각종 군사 활동과 의거 활동을 지원하며 독립운동의 중심이 됨.

③ **안창호** : 흥사단에서 독립운동을 하였으며, 신민회와 대성학교 설립으로 우리나라 국민들의 계몽 활동에 힘쓴 인물

④ **안중근** : 의병장으로 국내외에서 항일전을 전개하던 중 우리나라 침략에 앞장섰던 이토 히로부미를 1909년 하얼빈에서 사살하고 순국

⑤ **윤봉길** : 상하이 홍커우 공원에서 일본 장교에게 폭탄을 던진 인물

⑥ **김구** : 3・1 독립운동 이후 대한민국 임시정부에서 독립운동을 이끈 인물로 자서전인 『백범일지』를 씀.

4 6 · 25 전쟁과 대한민국의 발전

① 6 · 25 전쟁 : 북한이 1950년 6월 25일 북위 38도선을 넘어 남한을 침략해 온 전쟁으로, 1953년 7월 휴전이 될 때까지 많은 희생자를 낸 동족상잔의 비극

② 38도선 : 광복 직후 소련군은 북쪽, 미군은 남쪽으로 나뉘어 주둔하면서 만들어진 군사적 경계선

③ 휴전선 : 6 · 25 전쟁 당시 정전협정이 이루어지면서 한반도의 가운데를 가로질러 만들어진 군사분계선

④ 비무장 지대(DMZ) : 6 · 25 전쟁 이후 남한과 북한 간에 맺어진 휴전 협정에 따라서 남북 사이의 어떠한 무력 행위도 허용되지 않는 완충 지대로 설정된 곳

⑤ 이산가족 : 남북 분단 등의 사정으로 이리저리 흩어져서 서로 소식을 모르는 가족

⑥ 통일의 필요성 : 남북한은 막대한 국방비가 지출되고 있는데 통일이 되면 이러한 비용을 경제, 복지 분야 등에 투자하여 주민들의 삶의 질이 향상될 수 있음.

⑦ 새마을 운동 : 1970년대 박정희 정부가 농어촌의 자립 경제를 도모하기 위해 실시한 근면 · 자조 · 협동을 기본 정신으로 하는 운동

05 한국의 역사 인물과 주변국과의 관계

1 한국의 역사 인물

(1) 국가를 위기에서 구한 인물들

① 고구려의 을지문덕

㉠ 수나라의 침입 : 고구려를 차지하기 위해 많은 군사를 이끌고 침략

㉡ 고구려의 을지문덕 장군은 수나라의 군대를 살수(청천강)로 유인하는 작전을 펴 큰 승리를 거둠.

② 고려의 서희

㉠ 거란의 침입 : 고려가 송과 교류하자 거란은 고려를 침략

㉡ 서희의 활약(993년) : 서희는 거란 장수 소손녕과 담판을 벌여, 고려가 송과 관계를 끊고 거란과 교류할 것을 약속하고 거란을 물러나게 하였음.

③ 조선의 이순신

ㄱ 임진왜란 당시 뛰어난 전술과 거북선, 판옥선, 화포 등의 무기로 일본군을 물리쳤는데, 특히 학익진 전법으로 한산도 대첩을 승리로 이끎.

ㄴ 거북선 : 이순신 장군이 만든 배로 뱃머리는 용머리를, 꼬리는 거북 꼬리를 닮았으며 해전에서 큰 위력을 발휘

ㄷ 『난중일기』 : 이순신이 임진왜란 때 쓴 일기로 유네스코 세계기록유산에 등재되었음.

(2) 한국 역사에서 여성들의 활동

① 조선 시대의 허난설헌

ㄱ 『홍길동전』을 지은 허균의 누나로 어려서부터 글솜씨가 뛰어남.

ㄴ 조선에서 인정받지 못했던 허난설헌의 시는 중국과 일본에서 높은 평가를 받았음.

② 조선 후기의 김만덕 : 조선 후기 제주에 큰 흉년이 들었을 때 장사를 하여 모은 돈으로 쌀을 사서 굶주린 제주 백성을 구한 인물

③ 독립운동가 유관순 : 3·1 운동 당시 모진 고문 속에서도 저항을 하다가 19세의 어린 나이로 순국

2 한국과 주변국의 관계

① 중국 : 역사적으로 많은 문화적 교류가 있었고 한국전쟁 당시 북한을 지원하여 적대적인 관계였으나, 현재 최대 교역국임.

② 일본 : 과거 식민지 지배와 독도 문제로 한국과 갈등도 있으나 경제적, 문화적 교류도 활발함.

③ 러시아 : 한국전쟁 당시 북한을 지원하여 적대적인 관계였으나, 1990년 수교 이후 에너지, 기술, 자원 등의 영역에서 활발히 교류하고 있음.

④ 미국 : 남한의 우방국가로서 한국전쟁 당시 많은 도움을 주었으며, 군사·정치·경제적 측면에서 밀접한 관계를 맺고 있음.

단원 핵심 문제

 고조선

01 다음 〈보기〉의 빈칸에 들어갈 내용으로 옳은 것은?

> 보기
>
> 강화 참성단은 고조선을 세운 단군이 하늘에 제사를 드렸다는 전설이 깃든 곳이다. 고려와 조선에서는 강화도 마니산에 참성단을 쌓고, 여러 차례 수리하였다. (   )은 우리 민족 최초 국가인 고조선 건국을 기념하기 위해 제정된 국경일이다.

① 제헌절　　　　　　② 개천절
③ 현충일　　　　　　④ 삼일절

02 다음 설명에 해당하는 나라로 옳은 것은?

> • 기원전 2333년 건국, 『삼국유사』
> • 우리 민족이 세운 최초의 국가
> • 중국과 다른 독자적인 청동기 문화 형성

① 고조선　　　　　　② 백제
③ 신라　　　　　　　④ 고구려

Hint

01
개천절은 단군왕검이 우리나라 최초의 국가인 고조선을 세운 것을 기념하기 위한 날이다.

02
한국 민족이 세운 최초의 국가인 고조선은 '홍익인간'의 정신으로 나라를 다스렸고, 백성들을 다스리기 위한 8조법이 있었으며, 계급사회, 신분 사회였다.

정답 **01** ②　**02** ①

삼국 시대와 남북국 시대

01

01 다음 〈보기〉의 밑줄 친 '이 나라'는?

백제는 온조가 한강 유역에서 일으킨 나라로 근초고왕 때 마한 지역을 모두 통합하여 남해안까지 영토를 넓혔다.

> **보기**
>
> 비류와 온조가 각각 무리를 이끌고 내려와 자리를 잡았는데, 나중에 온조 세력이 비류 세력을 병합하였다. 그리고 '이 나라'를 건국하였는데 성씨는 부여씨로 하였다.

① 고구려   ② 백제

③ 신라   ④ 가야

02

02 다음 〈보기〉의 밑줄 친 '이 나라'는?

〈보기〉에서 추석의 유래로 밑줄 친 이 나라는 신라이다. 가배(嘉俳)는 신라 유리왕 때에 궁중에서 하던 놀이로 길쌈을 장려하는 축제였으나 조상 제사와 추수감사제로 성격이 바뀌게 되면서 추석의 기원이 되었다.

> **보기**
>
> '추석'은 궁중에서 하던 놀이인 '이 나라'의 '가배'에서 시작하였다. 음력 7월 16일부터 8월 14일까지 나라 안의 여자들을 모아 두 편으로 갈라 왕녀 둘이 각각 한 편씩 거느리고 밤낮으로 길쌈을 하여 그 많고 적음을 견주어 진 편에서 음식을 내고 춤과 노래 및 여러 가지 놀이를 하였다.

① 고구려   ② 신라

③ 백제   ④ 가야

03

03 다음에서 설명하는 나라로 옳은 것은?

고구려가 망한 후 옛 고구려 장수 대조영이 고구려 유민과 일부 말갈족을 이끌고 동모산을 중심으로 발해를 건국하였다.

> • 대조영이 고구려 유민 및 말갈족과 함께 당나라를 물리친 후 동모산 근처에 도읍을 정하고 세운 나라이다.
> • 9세기에는 '해동성국'이라는 말을 들을 정도로 강력한 국가로 성장하였다.

① 가야   ② 신라

③ 백제   ④ 발해

정답 01 ② 02 ② 03 ④

고려 시대와 조선 시대

01 다음 〈보기〉에서 설명하는 장소로 옳은 것은?

> 보기
>
> • 고려의 군사와 백성들이 귀주성에서 몽골군의 공격을 막아 낸 후, 이듬해 무신 정권이 도읍을 옮긴 곳이다.
> • 해안의 지형이 험해서 적이 접근하기가 어렵고, 도읍인 개경에 가까워서 방어하기에 좋은 군사적 요새였다.

① 제주도　　　　　② 강화도

③ 잔도　　　　　　④ 울릉도

02 다음 내용들과 공통적으로 관계 깊은 것은?

> • 소리 나는 대로 쓸 수 있고 익히기가 쉽다.
> • 민족문화 발전의 기초가 되었고, 세계기록유산으로 지정되었다.

① 직지심체요절

② 경국대전

③ 훈민정음

④ 팔만대장경판

정답 01 ②　02 ③

📂 **Hint**

01

임시정부는 서양 열강의 조계 지역이 많아 일제의 영향력이 미치지 않았고, 세계 여러 나라와의 외교 활동에 유리한 상하이에 위치하였다.

02

일본군 위안부 : 일본 군인을 위해 강제로 성노예 생활을 해야만 했던 한국인을 포함한 여성

📁 **일제 강점기와 한국 현대사**

01 다음 중 대한민국 임시정부에 대한 설명으로 **틀린** 것을 고르면?

① 1919년 미국 하와이에 수립되었다.

② 한국광복군을 창설하였다.

③ 3 · 1 운동을 계기로 독립운동의 체계적 · 조직적 활동을 위해 수립하였다.

④ 연통제라는 비밀 연락망을 조직하여 독립운동 자금을 모았다.

02 다음 〈보기〉의 빈칸에 공통으로 들어갈 말은?

> 보기
>
> 수요 시위는 1992년 1월 8일부터 (   ) 문제에 대한 일본 정부의 공식적인 사죄와 법률적인 배상을 요구하기 위해 시작되었다. 현재까지도 매주 수요일에 계속되고 있다. 위안부 평화비는 수요 시위 1,000회를 기념하며 일본 대사관 앞에 어린 소녀 모습의 기념비를 세운 것이다. 일본은 침략 전쟁을 벌이면서 한국과 중국을 비롯한 각국의 여성들을 강제로 연행하여 일본군 성노예로 삼았는데, 아시아 각지에서 (   )로 동원된 여성은 약 20만 명으로 추정된다.

① 징용   ② 일본군 위안부

③ 징병   ④ 학도병

정답 01 ① 02 ②

한국의 역사 인물과 주변국과의 관계

01 다음의 내용과 관련된 인물이 왜군과의 전투에서 승리를 거둘 수 있었던 까닭은?

> 신에게는 아직 12척의 배가 있사옵니다. 죽을힘을 다하여 막아 싸우면 아직도 할 수 있습니다. 비록 전함은 적다하나 신이 아직 죽지 않았으므로 적이 감히 우리를 업신여기지 못할 것이옵니다.
>
> — 이충무공행록

① 10만 양병설 수용
② 조총과 같은 우수한 무기
③ 철저한 준비와 탁월한 전술
④ 우리 수군의 압도적인 수적 우위

01
임진왜란 때 이순신 장군은 뛰어난 전술과 거북선, 화포 등의 무기를 철저히 준비해 일본과의 전투를 승리로 이끌었다.

02 조선 후기 제주에 큰 흉년이 들었을 때 장사를 하여 모은 돈으로 쌀을 사서 굶주린 제주 백성을 구한 인물은?

① 허난설헌 　　　　② 유관순
③ 김만덕 　　　　④ 신사임당

02
김만덕은 흉년으로 굶주린 제주 백성을 구한 조선 후기 여성이다.

03 다음 〈보기〉의 내용 중 밑줄 친 '이 섬'을 고르면?

> 보기
>
> 일본은 러·일 전쟁 중이던 1905년에 시마네 현 고시 제40호를 통하여 이 섬이 주인 없는 섬이라고 우기면서 자신들의 영토에 불법으로 편입시켰다.

① 대마도 　　　　② 독도
③ 강화도 　　　　④ 울릉도

03
독도를 일본에 편입시킨 일은 명백한 일본의 불법적인 영토 침탈로, 이듬해 대한 제국 정부는 독도가 우리 영토임을 분명히 하였다.

정답 01 ③　02 ③　03 ②

KIIP
사회통합
프로그램
사전평가

03

실전 모의고사

KIIP
사회통합프로그램
사전평가

이민자 사회통합프로그램
사전평가 필기시험 모의고사

문제지 유형 : A 형

---

(1) 외국인등록번호(Registration No.) :　　　　　　　　　－

(2) 영문 성명(Name) :

※ 유의사항(Information)

1. 객관식 1번부터 48번까지의 정답은 OMR 카드 답안지의 문항별 해당 번호에 검정색 사인펜으로 색칠(예 : ❶②③④)하시기 바랍니다.
2. 주관식은 OMR 카드 뒷면의 해당번호 아래 빈칸에 작성하여 주시기 바랍니다.
3. 시험시간은 60분입니다.

사회통합프로그램 사전평가
실전모의고사

정답 및 해설 220p

> ✱ 답은 반드시 답안지에 기입하시오.

※ [01~02] 다음 질문에 답하시오.

01 무엇이 있어요?

① 떡 　　　　　② 과일
③ 과자 　　　　④ 빵

02 무엇을 해요?

① 요리해요 　　② 빨래해요
③ 청소해요 　　④ 정리해요

※ [03 ~ 04] 〈보기〉와 같이 밑줄 친 것과 의미가 <u>반대</u>인 것을 고르시오.

> **보기**
>
> 가 : 가방이 <u>무거워요</u>? 도와줄까요?
>
> 나 : 아니요, 괜찮아요. (   ).
>
> ① 짧아요   ② 많아요   ③ 작아요   ❹ 가벼워요

03

> 가 : 딸이 열심히 공부했는데 대학에 <u>떨어져서</u> 속상해요.
>
> 나 : 너무 속상해 하지 말아요. 다음 번엔 (   ).

① 붙을 거예요

② 못 갈 거예요

③ 졸업할 거예요

④ 불합격할 거예요

04

> 가 : 수진 씨의 의견에 <u>동의합니다</u>. 어떻게 생각해요?
>
> 나 : 저는 수진 씨의 의견에 (   ).

① 기억해요   ② 결정해요

③ 반대해요   ④ 허락해요

※ [05~08] 다음 (   )에 가장 알맞은 것을 고르시오.

05

> 가 : 흐엉 씨는 취미가 뭐예요?
>
> 나 : 저는 (   )을/를 좋아해요. 그래서 주말마다 산에 가요.

① 등산   ② 수영

③ 독서   ④ 요리

06

> 저는 날씨가 좋으면 공원에서 (   ) 날씨가 안 좋으면 쉬어요.

① 입지만   ② 팔지만

③ 운동하지만   ④ 좋아하지만

07

> 오늘은 부모님 생신이라서 동생과 함께 식탁 위에 음식을 (   ).

① 차려요   ② 익혀요

③ 씻어요   ④ 먹어요

08

> 저기, (   ) 민호 씨 친구예요?

① 언제   ② 혹시

③ 그리고   ④ 도대체

※ [09~10] 다음 (   )에 가장 알맞은 것을 고르시오.

09

> 환경을 보호하기 위해서는 일회용품 사용을 줄이고 재활용 쓰레기는 (   )를 해야 합니다.

① 종량제   ② 소각

③ 폐기물   ④ 분리수거

10

> 이번 아버지의 생신은 (   ) 지나갔다.

① 넉넉하게   ② 흔하게

③ 조용하게   ④ 철저하게

※ [11 ~ 12] 다음 (   )에 가장 알맞은 것을 고르시오.

11

> 눈 때문에 길이 많이 (   ) 운전 조심하세요.

① 거치니까   ② 미끄러우니까

③ 축축하니까   ④ 부드러우니까

12

> 부산으로 가족여행을 가려고 기차표를 (   )했어요.

① 취소   ② 할인

③ 판매   ④ 예매

※ [13 ~ 14] 〈보기〉와 같이 밑줄 친 것과 의미가 비슷한 것을 고르시오.

> **보기**
>
> 가 : 와! 벚꽃이 활짝 피어서 정말 <u>예쁘네요</u>.
> 나 : 예, 봄이 되어서 벚꽃도 피고 나무들도 새싹이 돋아 (   ).
> ① 더워요   ② 더러워요   ③ 귀여워요   ❹ 아름다워요

13

> 나는 입고 싶었던 원피스를 3개월 할부로 <u>샀다</u>.

① 구입했다   ② 성공했다

③ 투자했다   ④ 노력했다

14

> 부모가 아이를 <u>양육하는</u> 태도가 아이의 미래를 결정한다고 한다.

① 성장하는   ② 정리하는

③ 키우는   ④ 설계하는

※ [15 ～ 17] 다음 ( )에 가장 알맞은 것을 고르시오.

15

> 가 : 민호 씨는 내일 뭐 해요?
> 나 : 저는 내일 친구와 함께 기차( ) 부산에 가요.

① 가   ② 는

③ 로   ④ 를

16

> 가 : 언제 책을 반납할 거예요?
> 나 : 오늘 집에 ( ) 도서관에 갈 거예요.

① 가려면   ② 가는데

③ 가기 전에   ④ 가기 때문에

17

> 가 : 내일 카페에서 같이 ( )?
> 나 : 좋아요. 같이 해요.

① 공부할게요   ② 공부할래요

③ 공부했어요   ④ 공부하세요

※ [18 ～ 20] 다음 ( )에 가장 알맞은 것을 고르시오.

18

> 가 : 날씨가 많이 흐리지요?
> 나 : 네. 곧 비가 ( ).

① 올 것 같아요   ② 오지 않아요

③ 올게요   ④ 오면 되나요

19

> 가 : 왜 기분이 안 좋아 보여요?
> 나 : 면접에서 떨어져서 속상해요. 더 열심히 (   ).

① 준비했잖아요

② 준비하기는요

③ 준비할 걸 그랬어요

④ 준비할 만해요

20

> 가 : 오래 기다리게 해서 미안해요.
> 나 : 아니에요, 책을 (   ) 시간 가는 줄 몰랐어요.

① 읽자마자   ② 읽느라고

③ 읽은 채로   ④ 읽기가 무섭게

※ [21 ~ 24] 다음 밑줄 친 부분이 틀린 것을 고르시오.

21 ① 내일 입을 옷을 미리 <u>준비해 놓았어요</u>.
    ② 날씨가 더워서 에어컨을 켜면 <u>추우려고 해요</u>.
    ③ 아파서 입원한 친구의 건강이 <u>좋아지고 있어요</u>.
    ④ 친구가 어제 야근을 해서 얼굴이 <u>안 좋아 보여요</u>.

22 ① 기분이 좋으면 보통 노래를 <u>부른 편이에요</u>.
    ② 공부를 열심히 <u>해서 그런지</u> 많이 피곤해요.
    ③ 내일 일도 <u>많고 해서</u> 오늘은 일찍 자려고요.
    ④ 내일은 날씨가 좋아서 등산을 <u>갔으면 좋겠어요</u>.

23 ① 일을 많이 <u>하다가</u> 피곤해요.

② 음악을 <u>들으면서</u> 산책을 해요.

③ 장마철이기 <u>때문에</u> 비가 자주 와요.

④ 공부를 <u>하는데</u> 밖이 너무 시끄러워요.

24 ① 요즘 회사일 때문에 굉장히 <u>바쁘다면서요?</u>

② 지금 마지막 지하철이 끊겨서 택시를 <u>탈 수밖에 없다.</u>

③ 숙제를 안 해서 저번에 그렇게 혼이 났는데 또 <u>그랬을 리가 없다.</u>

④ 배가 고픈데, 아까 빵이라도 <u>먹었어요.</u>

※ [25 ~ 28] **다음 (   )에 가장 알맞은 것을 고르시오.**

25

> 가 : 기침을 많이 하는데 감기에 걸리셨어요?
>
> 나 : 어제 밤에 선풍기를 (   ) 잠이 들어서 감기에 걸렸어요.

① 켰는지   ② 켤수록

③ 켜놓은 채로   ④ 켤 텐데

26

> 가 : 넌 참 부지런하구나!
>
> 나 : 내가 할 말이야. (   ) 항상 부지런해.

① 너만   ② 너야말로

③ 너대로   ④ 너밖에

27

| 지금 바람이 심하게 불어서 내일 (   ). |

① 출발해 가요   ② 출발하곤 했어요

③ 출발하는지 알아요   ④ 출발할 수밖에 없어요

28

| 길이 막혀서 공연장에 늦게 (   ) 앞 부분을 놓쳤어요. |

① 도착할수록   ② 도착할 정도로

③ 도착한 나머지   ④ 도착하는 척해서

※ [29 ~ 33] 다음 글을 읽고 (   )에 알맞은 것을 고르시오.

29

| 저는 이번 주말에 고향에 갈 것입니다. 고향에 가면 가족들을 만나서 이야기도 하고 선물도 줄 것입니다. 그래서 내일은 백화점에 갈 것입니다. 저는 (   ). |

① 백화점에서 쇼핑을 할 것입니다

② 백화점에서 선물을 받을 것입니다

③ 백화점에서 가족들을 만날 것입니다

④ 백화점에서 가족들과 밥을 먹을 것입니다

30

| 의사 선생님, 저는 베트남에서 온 타오예요. 저는 한국의 겨울이 너무 추워서 자주 감기에 걸려요. 어제도 감기에 걸렸어요. (   ). 어떻게 하면 좋을까요? |

① 지금 약국에서 약을 사요

② 지금 기침을 하고 열이 나요

③ 파스도 붙이고 밴드도 붙였어요

④ 병원에서 의사 선생님을 만났어요

31

이번 연휴에 저는 제주도에 갈 것입니다. (   ). 비행기 표는 20만원입니다. 9월 1일 아침 10시에 김포 공항에서 출발한 후 9월 3일에 서울로 돌아옵니다. 한라산에도 가고 바다도 구경할 것입니다. 생선회도 먹고 싶습니다.

① 그리고 여행사에서 일할 것입니다

② 그래서 오늘 비행기 표를 예약했습니다

③ 하지만 2박 3일 동안 아주 바빴습니다

④ 그래서 이번 여행이 아주 즐거웠습니다

32

한옥은 지방마다 구조가 (   ). 따뜻한 남부 지방에서는 바람이 잘 통하도록 넓은 마루를 두고 방을 한 줄로 배열하였습니다. 마루는 방들을 연결하는 통로로 사용되었고, 무더운 여름날에는 시원한 마루에서 주로 생활하였습니다. 추운 북부 지방에서는 집을 낮게 지으면서 방을 두 줄이나 사각형으로 배열하여 집 안의 열기가 밖으로 빠져나가지 않도록 하였습니다.

① 거의 같았습니다   ② 비슷합니다

③ 조금씩 달랐습니다   ④ 작았습니다

33

한국 사회에서 평생 교육이 보편화되면서 교육에 참여하는 사람들이 증가하고 있다. 평생 교육은 학교 교육을 마친 사람들이나 사회인에게 (   ) 각광을 받고 있다. 이는 배워야 할 것이 많아지는 현대 사회에서 교육이 중요한 역할을 하기 때문이다. 이 교육은 보통 학위 과정과 자격증이나 수료증을 받을 수 있는 과정으로 나누어져 있으며 원격으로 집에서도 편하게 교육을 받을 수 있다.

① 또 다른 직장으로

② 잘 알려져 있지 않아서

③ 실습을 받을 수 있기 때문에

④ 자기 발전의 기회를 열어 주어

※ [34 ~ 36] 다음을 읽고 물음에 답하시오.

34 이 사람의 친구가 문화센터에서 배우는 것은?

> 저는 주말마다 문화센터에 가요. 거기에서 컴퓨터와 요리를 배워요. 제 친구도 컴퓨터를 배우다가 힘들어서 지금은 노래를 배워요. 제 친구는 주말마다 문화센터에 가는 것을 정말 좋아해요.

① 춤   ② 노래
③ 요리   ④ 컴퓨터

35 다음 글에서 설명하지 <u>않은</u> 것은?

〈공연장 에티켓〉
• 사진을 찍지 마세요.
• 음식을 먹지 마세요.
• 소리를 지르지 마세요.
* 뚜껑이 있는 음료는 마셔도 됩니다.

①    ②

③    ④

36 이 사람이 대중교통을 이용하는 이유는?

> 지난주부터 회사를 옮겨서 차를 타고 출근해야 합니다. 반장님이 가까운 곳에 사셔서 출근 때마다 반장님 차를 타고 출근했습니다. 하지만 매일 반장님이 운전하는 차를 탈 수 없어서 어제부터 버스와 지하철을 타고 출근하고 있습니다. 반장님께는 미안하지만 대중교통을 이용하면 몸은 불편하지만 마음이 편해서 좋습니다.

① 반장님께 미안해서
② 버스와 지하철이 좋아서
③ 반장님 차를 운전할 수 없어서
④ 반장님 차를 타면 마음이 불편해서

※ [37 ~ 38] 다음 글을 읽고 물음에 답하시오.

> 한국 사람들이 가족을 소중하게 생각하는 것은 옛날이나 지금이나 마찬가지입니다. 그렇지만 가족의 모습은 많이 달라졌습니다.
> 전통적으로 한국에서는 아들이 결혼한 후에도 부모님을 모시고 살았기 때문에 한 집에 할아버지, 할머니부터 손자, 손녀까지 3대가 같이 사는 대가족의 형태였습니다. 전통적인 대가족은 아버지가 가장이 되어 가족을 책임지고, 어머니는 집에서 가사를 전담했으며, 가족 모두 아버지에게 복종하는 가부장적인 분위기였습니다. 그리고 가족을 이어가는 것은 남자라고 생각해서 아들을 선호했습니다.
> ㉠ 이에 반해 요즘은 결혼하지 않은 자녀와 부모, 이렇게 2대가 같이 생활하는 핵가족의 형태가 가장 많습니다.

37 ㉠이 가리키는 것은?

① 가족을 소중하게 생각합니다.
② 현대에는 핵가족 형태입니다.
③ 전통적으로 대가족 형태였습니다.
④ 가족을 소중하게 생각합니다.

38 위 글의 내용과 같은 것은?

① 과거에는 딸을 선호하였습니다.

② 과거에는 아버지에게 복종하는 가부장적인 분위기였습니다.

③ 현재는 3대가 함께 사는 대가족 형태가 많습니다.

④ 과거에는 가족을 소중하게 생각했지만 현재는 그렇지 않습니다.

※ [39 ～ 42] 다음 질문에 답하시오.

39 다음 중 한국의 식사 예절로 옳지 <u>않은</u> 것은?

① 켈리 씨는 숟가락과 젓가락을 한 손에 한꺼번에 들고 사용하지 않았다.

② 흐엉 씨는 음식을 먹을 때 소리를 내지 않고 조용히 먹었다.

③ 메이 씨는 윗사람이 수저를 든 후에 식사를 시작했다.

④ 쿤 씨는 입 속에 음식을 넣은 채로 이야기를 했다.

40 오만 원짜리 지폐에 있는 사람은 누구인가?

① 이순신   ② 대통령

③ 세종대왕   ④ 신사임당

41 다음 중 대한민국의 수도는?

① 서울   ② 광주

③ 제주   ④ 부산

42 국경일과 주요 기념일의 날짜가 <u>잘못</u> 연결된 것은?

① 삼일절 – 3월 1일   ② 제헌절 – 10월 3일

③ 광복절 – 8월 15일   ④ 한글날 – 10월 9일

※ [43 ~ 45] 다음 질문에 답하시오.

43 다음 글에서 ㉠과 ㉡에 들어갈 알맞은 것은?

명당이란 살면서 좋은 일이 생기는 곳을 말한다. 한국 사람들은 예로부터 명당에서 살고 싶어 했다. 과거에는 집 뒤에 산이 있고 집 앞에 (㉠)이/가 흐르는 남향집을 좋아했지만 요즘은 다르다. 현대에 이르러서는 학군과 교통을 더 선호한다. 집 주변에 (㉡)(이)나 지하철역 또는 외부로 통하는 도로가 있으면 인기가 많다.

① ㉠ 물 – ㉡ 학교   ② ㉠ 배 – ㉡ 시장
③ ㉠ 바다 – ㉡ 회사   ④ ㉠ 논 – ㉡ 호수

44 다음 글에서 소개하는 축제는?

이 축제가 열리는 날은 한국의 명절 중 하나로 1년 중 만물의 활발한 기운이 가장 왕성한 날이다. 이날이 되면 남자들은 씨름을 하고 여자들은 그네를 탔다. 그리고 창포 삶은 물에 머리를 감았다. 이 축제는 2005년 유네스코 세계 무형 유산으로 등재되었으며 지금도 사람들의 관심 속에 매년 진행되고 있다.

① 진해 군항제   ② 달맞이 축제
③ 강릉 단오제   ④ 한가위 축제

45 한국의 은행에서 가입할 수 있는 적금에 대한 설명으로 옳은 것은?

① 가입 기간이 길면 이자가 더 많아진다.
② 적금 가입 시 신분증이 필요하지 않다.
③ 아무 날에나 입금하는 것은 정기 적금이다.
④ 정해진 날짜에 입금하는 것은 자유 적금이다.

※ [46 ～ 48] 다음 질문에 답하시오.

46 아리랑에 대한 설명으로 옳지 <u>않는</u> 것은?

① 모든 지역 아리랑의 가사는 같다.

② 현대에는 새로 편곡한 아리랑도 있다.

③ 아리랑은 한국인의 정서와 한을 대변한다.

④ 아리랑은 노동의 힘듦을 이겨 내려고 부른 노동요였다.

47 채팅 애플리케이션이 <u>아닌</u> 것은?

① 카카오톡   ② 라인

③ 위챗   ④ 다음

48 한국에서 집을 구할 때의 유의사항으로 옳지 <u>않은</u> 것은?

① 전세의 경우에는 주민센터 등에서 전입신고를 하고 확정일자를 받아야 한다.

② 등기부등본은 등기소에서만 확인이 가능하다.

③ 공인중개사의 도움을 받는 것이 안전하다.

④ 집을 계약할 때에는 등기부등본을 확인하여야 한다.

※ [49 ～ 50] 다음을 읽고 (   )에 알맞은 것을 쓰시오.

49

가 : 벌써 다음 주가 시험인데 걱정이에요.

나 : 미나 씨는 수업 시간에 공부를 열심히 해서 그런 걱정을 (   ).

가 : 아니에요. 저도 그런 걱정을 해요.

나 : 그래도 지금까지 열심히 했으니까 시험을 잘 볼 거예요.

가 : 고마워요. 시험 전까지 열심히 할게요.

50

가 : 수안 씨, 오늘 등산하러 가요?

나 : 아니요. 오늘 비가 와서 등산하러 (   ) 친구들과 영화 보기로 했어요.

가 : 아, 그래요? 무슨 영화를 볼 거예요?

나 : 친구들이 액션 영화를 좋아해서 그걸 볼 거예요.

01 이 글을 소리 내어 읽어 보세요.

안녕하세요, 마리 씨.

요즘 어떻게 지내세요?

저는 잘 지내고 있어요. 한국에 처음 왔을 때는 모든 것이 낯설고 조금 힘들었어요. 특히, 한국어를 잘 몰라서 가끔 답답했어요. 하지만 이제는 좋은 친구들도 사귀고, 한국어도 조금씩 늘어서 생활이 재미있어졌어요. 이번 주말에는 친구들과 함께 한강 공원에 갈 예정이에요. 거기에서 산책도 하고 사진도 찍을 거예요. 마리 씨도 시간이 되면 같이 한강 공원에 가요. 그럼 또 연락할게요. 건강하게 지내세요.

소피아 드림

02 다음 물음에 답하세요.

1) 이 사람은 한국에 처음 왔을 때 어땠나요?

2) 이 사람은 요즘 한국 생활이 어떤가요?

3) 이 사람은 마리 씨와 같이 무엇을 하고 싶다고 했나요?

03 다음 물음에 답하세요.

1) 여러분은 한국에 처음 왔을 때 어땠나요?

2) 여러분은 요즘 한국에서의 생활이 어떤가요?

3) 여러분은 앞으로 무엇을 하고 싶은가요?

04 다음 물음에 답하세요.

1) 여러분이 한국에서 자주 이용하는 대중교통은 무엇이고 어떤 점이 편리한가요?

2) 여러분이 한국에서 대중교통을 이용하면서 편리하거나 불편하다고 느낀 점은 무엇인가요?

3) 여러분의 고향의 대중교통에는 무엇이 있나요? 한국의 대중교통과 비슷한 점과 다른 점은 무엇인가요?

05 다음 물음에 답하세요.

1) 인터넷으로 정보를 검색할 때 편리한 점은 무엇인가요?

2) 정보를 검색할 때 주의해야 할 점은 무엇인가요?

3) 정보검색 외에 인터넷으로 할 수 있는 일들에는 무엇이 있나요?

사회통합프로그램 사전평가
실전모의고사

정답 및 해설 224p

✳ 답은 반드시 답안지에 기입하시오.

※ [01 ～ 02] 다음 질문에 답하시오.

01 무엇이 있어요?

① 텔레비전   ② 에어컨

③ 세탁기   ④ 냉장고

02 무슨 계절이에요?

① 봄   ② 여름

③ 가을   ④ 겨울

※ [03 ~ 04] 〈보기〉와 같이 밑줄 친 것과 의미가 반대인 것을 고르시오.

보기

가 : 가방이 <u>무거워요</u>? 도와줄까요?

나 : 아니요, 괜찮아요. (   ).

① 짧아요   ② 많아요   ③ 작아요   ❹ 가벼워요

03

가 : 한라산은 눈이 많이 오면 안전상 출입을 <u>금지해요</u>.

나 : 그럼 오늘은 눈이 안 오니 한라산 출입을 (   ).

① 나타나겠네요   ② 허가하겠네요

③ 가입하겠네요   ④ 거절하겠네요

04

가 : 청소하고 있어요. 아이들이 어질러 놓아서 <u>지저분해서요</u>.

나 : 아이들 있는 집이 이 정도면 (   ).

① 당황하네요   ② 조용하네요

③ 깨끗하네요   ④ 한가하네요

※ [05 ~ 08] 다음 (   )에 가장 알맞은 것을 고르시오.

05

카드를 분실하면 카드회사에 전화해서 분실 (   )를 해야 한다.

① 신고   ② 카드

③ 할부   ④ 낭비

06

> 오늘 전화 통화를 해서 약속 시간을 (   ) 거예요.

① 할

② 살

③ 정할

④ 이룰

07

> 이번에 학교에서 장학금을 받아서 (   ).

① 화나요

② 기뻐요

③ 답답해요

④ 그리워요

08

> 지난주 토요일에 강연을 들었는데 한국 생활에 (   ) 도움이 됐어요.

① 정말

② 설마

③ 언제

④ 미리

※ [09 ~ 12] 다음 (   )에 가장 알맞은 것을 고르시오.

09

> 교통규칙을 어기면 (   )을/를 내야 하니까 꼭 지키도록 하세요.

① 퇴직금

② 범칙금

③ 수수료

④ 입장료

10

> 이번 주 목요일이 국회의원 선거일이라 (   )해야 해요.

① 경쟁

② 운동

③ 투표

④ 개표

11

> 애완견들이 잘한 일이 있을 때는 바로바로 (   ) 주는 것이 좋아요.

① 혼내   ② 칭찬해

③ 꾸중해   ④ 소개해

12

> 요즘은 인터넷으로 구청의 민원서류를 신청하고 바로 (   )받을 수 있어요.

① 발급   ② 작성

③ 전송   ④ 신청

※ [13 ～ 14] 〈보기〉와 같이 밑줄 친 것과 의미가 비슷한 것을 고르시오.

> **보기**
>
> 가 : 와! 벚꽃이 활짝 피어서 정말 <u>예쁘네요</u>.
> 나 : 예, 봄이 되어서 벚꽃도 피고 나무들도 새싹이 돋아 (   ).
> ① 더워요   ② 더러워요   ③ 귀여워요   ❹ 아름다워요

13

> 가 : 오늘 가족 모임에 할머니께서 참석하지 않으셨던데 <u>아프신가요?</u>
> 나 : 감기 몸살 때문에 (   ) 집에서 쉬고 계셔요.

① 부끄러워서   ② 편찮으셔서

③ 아까워서   ④ 부족해서

14

> 가 : 엄마, 낮에 학교에서 집에 오는데 <u>낯선</u> 사람이 따라오는 느낌이 들어서 무서웠어요.
> 나 : 무서웠겠구나. 다음부터는 (   ) 사람이 계속 따라오면 경찰에 신고를 해야 한다.

① 익숙한   ② 무서운

③ 어려운   ④ 모르는

※ [15 ~ 17] 다음 (   )에 가장 알맞은 것을 고르시오.

15

> 가 : 유나 씨는 어제 뭐 했어요?
> 나 : 친구들하고 카페(   ) 커피를 마셨어요.

① 에   ② 로

③ 부터   ④ 에서

16

> 가 : 선물을 준비했어요?
> 나 : 아니요. 지금 케이크를 (   ) 가져갈 거예요.

① 만들기 위해   ② 만들면서

③ 만들려고   ④ 만들어서

17

> 가 : 지금 어디 가요?
> 나 : 지하철을 (   ).

① 타네요   ② 타세요

③ 타러 가요   ④ 타고 싶어요

※ [18 ~ 20] 다음 (   )에 가장 알맞은 것을 고르시오.

18

> 가 : 기침을 하네요. 감기에 걸리셨어요?
> 나 : 예, 약을 (   ) 감기가 낫지 않아서 걱정이에요.

① 먹어서   ② 먹으니까

③ 먹자마자   ④ 먹었는데도

19

> 가 : 평소 그림을 즐겨 그리시나 봐요.
> 나 : 네, 저는 그림을 그리고 있으면 기분이 (   ).

① 좋아질 만해요

② 좋아지기는요

③ 좋아질 뻔했어요

④ 좋아지더라고요

20

> 가 : 흐엉 씨, 머리를 잘랐네요? 잘 어울려요.
> 나 : 전 별로예요. 자르지 (   ).

① 말아요   ② 말걸 그랬어요

③ 만 걸요   ④ 말았어요

※ [21 ~ 24] 다음 밑줄 친 부분이 틀린 것을 고르시오.

21 ① 내일 비가 <u>와 가지고</u> 우산을 챙기세요.

② 한국에서 <u>일한 지</u> 1년이 다 되어 가요.

③ 배가 <u>고픈 데다가</u> 다리도 아파서 좀 쉴래요.

④ 저녁에 동생이 <u>온다고 해서</u> 집에 가는 중이에요.

22 ① 비행기표가 할인을 <u>해도</u> 비싸요.

② 이 옷은 <u>비싸는 대신에</u> 품질이 좋아요.

③ 제가 <u>챙겨 놓은</u> 꽃다발이 어디에 있어요?

④ 무리해서 일을 <u>하다가</u> 피곤함을 느꼈어요.

23 ① 어제 퇴근을 하고 친구를 <u>만났어요</u>.

② 음식을 주문해서 집에서 <u>먹었어요</u>.

③ 날씨가 추워서 코트를 <u>입으세요</u>.

④ 지하철이 버스보다 빠르고 <u>편해요</u>.

24 ① 지금 민수 씨하고 <u>이야기했던</u> 사람이 철수 씨입니다.

② 형은 키가 <u>크지만</u> 저는 작아요.

③ 청소를 <u>하기 전에</u> 창문을 열어요.

④ 날씨가 흐려서 비가 <u>올 것 같아요</u>.

※ [25 ~ 28] 다음 (   )에 가장 알맞은 것을 고르시오.

25

> 가 : 내일 소풍 몇 시에 출발하지?
> 나 : 9시야. 9시 정각에 버스가 출발할 예정이니까 (   ) 와야 해.

① 늦어도 　　　　　　　　　② 늦더라도

③ 늦을수록 　　　　　　　　④ 늦지 않도록

26

> 가 : 민수 씨, 요즘 자가용을 타지 않고 지하철을 이용한다면서요?
> 나 : 예, 대중교통을 이용하니까 (   ) 에너지도 절약되고 좋네요.

① 운동할 지도 몰라서

② 운동이 되려나해서

③ 운동도 될 뿐 아니라

④ 운동한 탓에

27

아까 점심을 잘못 (　　　　) 배가 아프네요.

① 먹어야

③ 먹는 데다가

② 먹기 위해서

④ 먹어서 그런지

28

요즘 회사 일이 바빠서 (　　　　) 쉴 시간도 부족해요.

① 휴가든지

③ 휴가는커녕

② 휴가조차

④ 휴가일수록

※ [29 ~ 33] 다음 글을 읽고 (　　)에 알맞은 것을 고르시오.

29

철수 씨, 제가 지금 밖에 나가요. 시내에서 친구를 만날 거예요. 세탁기를 돌리고 있으니까 (　　　　　　　　　　).

① 친구하고 빨래를 할 거예요.

② 세탁이 끝나면 빨래를 널어 주세요.

③ 가게에서 세탁기를 새로 살 거예요.

④ 세탁기가 오면 세탁기를 받아 주세요.

30

저는 지금 한국에 혼자 삽니다. 가족은 모두 고향에 있습니다. 할아버지, 어머니, 아버지, 언니가 고향에 있습니다. 가족 생일에는 항상 함께 모여서 고향 음식을 먹고 이야기를 합니다. 오늘은 제 생일입니다. 그래서 (　　　　　　　　　　).

① 언니와 고향 음식을 만듭니다.

② 부모님께서 연세가 많으십니다.

③ 고향에 있는 가족이 보고 싶습니다.

④ 가족들과 맛있는 저녁을 먹을 것입니다.

31

> 지난 주말에 우리 가족은 캠핑을 갔습니다. 아버지는 텐트를 설치하시고, 엄마는 저녁식사로
> (   )을/를 만드셨습니다. 집에서 준비해 온 여러 가지 채소와 나물에 계란, 고추장과 참기름
> 을 넣고 비벼 먹었습니다. 야외에서 먹었더니 집에서 먹던 것보다 더 맛있었습니다. 식사 후에는
> 모닥불에 둘러 앉아 아버지의 기타에 맞춰 노래도 부르고 즐거운 캠핑이었습니다.

① 불고기   ② 비빔밥
③ 잡채   ④ 김치

32

> 저의 가족은 네 명입니다. 아버지와 어머니, 여동생 그리고 저입니다. 부모님과 동생은 중국에
> 있습니다. 아버지는 회사에 다니시고 어머니는 가정 주부이십니다. 여동생은 대학생입니다.
> (   ). 저는 한국에서 한국어를 배웁니다. 방학에는 고향에 가서 가
> 족들을 만날 것입니다.

① 방학에 가족이 한국에 옵니다
② 저만 한국에서 혼자 삽니다
③ 부모님은 한국에서 사십니다
④ 동생은 회사에 다닙니다

33

> 요즘 스마트폰이 없으면 살기 힘든 시대가 되고 있다. 전화는 기본이고 사진 및 동영상 촬영, 음
> 악 및 영상 시청, SNS 및 채팅, 그리고 인터넷 검색까지 휴대폰 하나로 모든 일을 할 수 있게
> 되었기 때문이다. 그러나 이렇게 유용한 물건도 (   ). 지나친 스마
> 트폰의 사용은 쉽게 중독에 빠질 수 있다. 스마트폰이 곁에 없으면 불안해서 다른 일을 제대로
> 할 수 없게 된다.

① 과거에는 사용할 수 없었다
② 분실의 위험에서 벗어나지 못한다
③ 값이 비싸 살 수 없는 사람도 있다
④ 잘못 사용하게 되면 문제가 생긴다

※ [34 ~ 36] 다음을 읽고 물음에 답하시오.

34 다음에서 설명하고 있지 <u>않은</u> 표지판은?

주의표지는 도로 주변에 위험물이 있거나 도로가 위험할 경우 이용자의 안전을 도와주는 표지로 삼각형 안에 그림이 그려져 있는 표지판이다. 규제표지는 여러 가지를 제한하여 하지 못하게 하는 표지로 원형으로 되어 있는 것이 많다. 반대로 교통 안전을 위해 해야 할 것을 알려주는 지시 표지도 있는데 파란 바탕에 하얀색 그림과 글자가 있다.

①

②

③

④ 안전속도 30

35 다음 일정표에 해당하는 내용으로 옳은 것은?

〈일정표〉			
토	일	월	화
친구와 영화	집안 청소	한국어 공부, 장보기	한국어 공부, 공원에서 운동

① 토요일에 혼자 영화를 본다.

② 일요일에 친구와 청소를 한다.

③ 월요일과 화요일에 한국어 공부를 한다.

④ 화요일에 공원에서 운동을 하지 않는다.

36 다음 글을 쓴 사람이 축제에 참석하고 싶어 하는 이유는?

> 다음 주는 한국의 명절인 설날입니다. 설날을 기념하여 구청에서 외국인을 위한 특별한 설날 축제를 개최합니다. 이 축제에는 각종 공연과 노래 대회 등 다양한 행사를 합니다. 제 친구는 노래 대회에 나가고 싶어 합니다. 저는 그동안 설날에 집에서 쉬기만 했습니다. 이번에는 축제에 꼭 참석해서 한국의 전통 문화도 구경하고 다른 나라 친구들도 만나고 싶습니다.

① 설날 공연을 하기 위해서　　　② 노래 대회에 나가고 싶어서
③ 고향의 명절을 즐기기 위해서　　④ 한국 전통 문화를 보기 위해서

※ [37 ~ 38] 다음 글을 읽고 물음에 답하시오.

> 훈민정음은 그 이름 자체가 '백성을 가르치는 바른 소리'라는 뜻으로서 문자를 몰라 고통을 받던 사람들을 위하여 만든 것이다. 훈민정음에는 백성을 위하는 애민 정신이 깃들어 있다.
> ㉠이것은 우리 사회가 발전하는 데 큰 도움이 되었다. 글자를 모르던 일반 백성들도 문자생활을 하게 되어 사회 구성원들 간에 더 넓은 의사소통의 길이 열렸다. 백성들이 더 나은 삶을 누리는 데 도움이 되었다.
> 현대에 이르러서도 우리 사회는 간단하면서도 체계적인 한글 덕분에 컴퓨터 등 정보화 분야에서 크게 발전하였다. 한글은 우리 사회의 발전에 그 무엇보다도 큰 공헌을 하였다.

37 ㉠이 가리키는 것은?

① 훈민정음　　　　　　　② 백성
③ 애민 정신　　　　　　　④ 문자생활

38 위 글의 내용과 일치하지 <u>않는</u> 것은?

① 훈민정음에는 백성을 위하는 애민 정신이 깃들어 있다.
② 훈민정음은 백성들의 문자 생활에 많은 어려움을 주었다.
③ 한글은 많은 지식과 정보를 쉽고 빠르게 전달할 수 있다.
④ 우리 사회는 한글 덕분에 정보화 분야에서 크게 발전하였다.

※ [39 ～ 42] 다음 질문에 답하시오.

39 한국의 식사예절로 옳지 <u>않은</u> 것은?

① 그릇을 손으로 들고 먹는다.

② 반찬을 젓가락으로 뒤적이지 않는다.

③ 윗사람이 먼저 식사하는 것을 기다린다.

④ 식사는 조용히 한다.

40 겨울에 먹을 김치를 가을에 한꺼번에 많이 담가 저장하는 것은?

① 이사   ② 김장

③ 제사   ④ 장아찌

41 같은 학교를 졸업한 사람들이 친목을 위해 만든 모임은?

① 동창회   ② 동호회

③ 송년회   ④ 송별회

42 과거 신라의 수도인 도시는 어디인가?

① 경주   ② 파주

③ 부산   ④ 포항

※ [43 ～ 45] 다음 질문에 답하시오.

43 다음 글에서 ⊙과 ⓒ에 알맞은 것은?

> 한국에는 나라의 축하할 만한 일을 기념하기 위한 국경일이 있다. 3월 1일은 3·1절로 독립을 위해 노력한 것을 기념한다. 7월 17일은 (　　⊙　　)로 한국 헌법을 제정·공포한 날을 기념한다. 8월 15일은 광복절로 나라를 되찾은 날을 기념한다. 10월 3일은 (　　ⓒ　　)로 고조선 건국을 기념하는 날이다.

① ⊙ 제헌절 ― ⓒ 한글날
② ⊙ 제헌절 ― ⓒ 개천절
③ ⊙ 개천절 ― ⓒ 현충일
④ ⊙ 한글날 ― ⓒ 현충일

44 젊은 직장인들이 워라밸을 실천하는 이유는?

① 승진을 하기 위해서
② 사회적인 성공을 위해서
③ 높은 연봉을 받기 위해서
④ 작아도 확실한 행복을 위해서

45 한국의 주거문화에 대한 설명으로 옳지 <u>않은</u> 것은?

① 공인중개사를 통하여 계약서를 작성한다.
② 전세는 집주인에게 매달 돈을 주고 집이나 방을 빌리는 것이다.
③ 집주인과 계약할 때에는 등기부등본을 확인하여야 한다.
④ 요즘은 이사할 때 대부분 이삿짐센터의 도움을 받아 포장이사를 한다.

※ [46 ～ 48] 다음 질문에 답하시오.

46 성년의 날에 대한 설명으로 옳은 것은?

① 과거에 남자들은 비녀를 꽂았다.
② 17세부터 음주와 흡연이 가능하다.
③ 성년의 날은 매년 5월 셋째 월요일이다.
④ 성년의 날은 최근 한국에 생긴 기념일이다.

47 온돌에 대한 설명으로 옳지 <u>않은</u> 것은?

① 아궁이가 없어도 난방이 가능하다.
② 요즘에는 온돌 대신 보일러를 사용한다.
③ 굴뚝은 연기를 밖으로 내보내는 역할을 한다.
④ 밥도 만들 수 있고 난방도 할 수 있어 일석이조다.

48 다음 글의 (   )에 들어갈 알맞은 말은?

> 국제사회에서는 산업화와 도시화로 인해 발생한 (   )를 해결하기 위해 노력하고 있다. 특히 유엔(UN)은 1973년 이를 해결하기 위한 국제기구를 만들었다. 이 문제를 해결하기 위해서는 국가의 노력도 중요하지만 개인의 관심과 노력이 더욱더 필요하다.

① 시험 문제   ② 환경 문제
③ 예절 문제   ④ 언어 문제

※ [49 ~ 50] 다음을 읽고 (   )에 알맞은 것을 쓰시오.

49

> 가 : 아까 뉴스를 보니까 최근 혼자 사는 가구가 점점 증가하고 있대요.
>
> 나 : 저도 그 뉴스를 봤어요. 가게에서도 혼자 사는 사람을 위한 소포장 제품들이 잘 팔리더라고요.
>
> 가 : 정말요? 그런 물건이 (   ) 1인 가구가 늘었군요.
>
> 나 : 맞아요. 많이 늘었어요. 물건 뿐만 아니라 소형 주택 등 혼자 사는 사람을 위한 것들이 더 늘어날 것 같아요.

50

> 가 : 안녕하세요? 마오 씨, 어제 투표 잘 했어요?
>
> 나 : 네. 그런데 처음 하는 투표라서 많이 떨리더라고요.
>
> 가 : 처음 투표하면 누구나 (   ). 저도 처음 투표할 때 많이 떨었어요. 지금은 괜찮지만요.
>
> 나 : 맞아요. 저도 다음에 하면 긴장하지 않고 잘할 수 있을 것 같아요.

구술시험 ✦ **사회통합프로그램 기본소양 사전평가**

01 이 글을 소리 내어 읽어 보세요.

> 비빔밥은 한국의 전통 음식 중 하나로, 다양한 재료를 밥과 함께 비벼 먹는 요리입니다. 먼저 그릇에 따뜻한 밥을 담고, 그 위에 나물, 고기, 달걀 등을 올립니다. 마지막으로 고추장과 참기름을 넣고 잘 섞어 먹습니다. 비빔밥은 고소하고 매콤한 맛이 어우러져 있어 입맛을 돋웁니다. 다양한 재료의 맛을 함께 즐길 수 있고, 특히 건강에 좋은 채소가 많이 들어가 있어 건강식으로 외국 사람들에게 인기가 많습니다. 최근 비빔밥은 채식주의자도 즐길 수 있는 음식으로, 전 세계적으로 사랑받고 있습니다.

02 다음 물음에 답하세요.

1) 이 글에서 비빔밥은 어떻게 만드나요?

2) 이 글에서 비빔밥의 맛은 어떤가요?

3) 이 글에서 외국 사람들이 비빔밥을 좋아하는 이유가 무엇인가요?

03 다음 물음에 답하세요.

1) 여러분이 한국 음식 중에서 좋아하는 음식은 무엇인가요? 그 음식을 왜 좋아하나요?

2) 여러분의 고향 사람들이 좋아하는 음식은 무엇인가요? 그 음식을 왜 좋아하나요?

3) 여러분의 고향 음식 중에서 한국 사람에게 소개하고 싶은 음식은 무엇인가요? 왜 그 음식을 소개하고 싶은가요?

04 다음 물음에 답하세요.

1) 한국의 경제 성장을 한강의 기적이라고 부르는 이유는 무엇인가요?

2) 한국이 발전하게 세 가지 요인은 무엇인가요? 한 가지를 설명해 보세요.

3) 고향의 나라가 지금보다 더 발전하기 위해서 더 필요한 것은 무엇인가요?

05 다음 물음에 답하세요.

1) 여러분이 보거나 경험한 환경오염의 구체적인 사례는 무엇인가요?

2) 환경오염의 가장 큰 원인이 무엇이라고 생각하나요?

3) 여러분이 심각하다고 생각하는 환경오염은 무엇인가요? 그것을 해결할 수 있는 방안은 무엇인가요?

사회통합프로그램 사전평가
실전모의고사

정답 및 해설 229p

＊ 답은 반드시 답안지에 기입하시오.

※ [01 ~ 02] 다음 질문에 답하시오.

01 무엇이 있어요?

① 포도
② 김치
③ 생선
④ 운동화

02 어제 뭐 했어요?

① 축구를 했어요.
② 영화를 봤어요.
③ 빨래를 했어요.
④ 한국어를 배웠어요.

※ [03 ~ 04] 〈보기〉와 같이 밑줄 친 것과 의미가 <u>반대</u>인 것을 고르시오.

> **보기**
>
> 가 : 가방이 <u>무거워요</u>? 도와줄까요?
> 나 : 아니요, 괜찮아요. (   ).
> ❶ 가벼워요   ② 작아요   ③ 약해요   ④ 짧아요

03

> 가 : 여기에서 집까지 <u>멀어요</u>?
> 나 : 아니요, 여기에서 집이 (   ).

① 가까워요   ② 걸어가요
③ 함께 가요   ④ 길어요

04

> 가 : 자동차 조명이 <u>밝아요</u>?
> 나 : 아니요, 자동차 조명이 (   ).

① 좋아요   ② 켜졌어요
③ 어두워요   ④ 환해요

※ [05 ~ 08] 다음 (   )에 가장 알맞은 것을 고르시오.

05

> 이번 주말에는 등산 (   ) 회원들과 같이 등산을 간다.

① 동호회   ② 송별회
③ 출신   ④ 지역

06

방학에 친구와 함께 부산에 (   ) 싶어요.

① 보고   ② 가고

③ 일하고   ④ 만나고

07

음식에 소금이 안 들어가서 (   ).

① 짜요   ② 달콤해요

③ 싱거워요   ④ 신선해요

08

가 : 지금 주민등록증을 신청하면 언제 받을 수 있어요?

나 : (   ) 2주 이내에 받을 수 있을 겁니다.

① 아주   ② 미리

③ 아마   ④ 벌써

※ [09 ～ 12] 다음 (   )에 가장 알맞은 것을 고르시오.

09

민수는 대학 입학 수능시험을 앞둔 동생을 (   ).

① 배웠다   ② 정정했다

③ 혼냈다   ④ 격려했다

10

우리 회사에는 영어와 중국어에 (   ) 사람이 필요해요.

① 친절한   ② 활발한

③ 능통한   ④ 거주한

11

> 한국인 친구의 생일파티에 (   ) 받았다.

① 택배   ② 초대
③ 부축   ④ 전달

12

> 회사에서의 어려움을 (   )하려고 노력했다.

① 조화   ② 노력
③ 극복   ④ 신청

※ [13 ~ 14] 〈보기〉와 같이 밑줄 친 것과 의미가 비슷한 것을 고르시오.

보기

가 : 와! 벚꽃이 활짝 피어서 정말 <u>예쁘네요</u>.
나 : 예, 봄이 되어서 벚꽃도 피고 나무들도 새싹이 돋아 (   ).
① 더워요   ② 더러워요   ③ 귀여워요   ❹ 아름다워요

13

> 두 사람은 결혼한 후에 아이가 없어서 아이를 <u>다른 곳에서 데려왔다</u>.

① 입양했다   ② 재혼했다
③ 결정했다   ④ 독립했다

14

> 학교에서 한국어를 공부하면서 한국어 실력이 <u>좋아졌어요</u>.

① 개발했어요   ② 힘들었어요
③ 감소했어요   ④ 향상됐어요

※ [15 ~ 17] 다음 (   )에 가장 알맞은 것을 고르시오.

15

> 가 : 이 꽃병은 어떻게 해요?
> 나 : 꽃은 식탁 위(   ) 놓으세요.

① 는
② 로
③ 가
④ 에

16

> 가 : 가연 씨, 문 좀 (   ).
> 나 : 네, 지금 갈게요.

① 열 거예요
② 열러 가요
③ 열어 주세요
④ 열지 마세요

17

> 가 : 제가 직접 만든 이 옷 어때요?
> 나 : 오우, 정말 (   ).

① 예쁠 것 같아요
② 예쁠 거예요
③ 예뻐져요
④ 예쁘네요

※ [18 ~ 20] 다음 (   )에 가장 알맞은 것을 고르시오.

18

> 가 : 쿼이 씨는 살면서 가장 중요한 것이 무엇이라고 생각해요?
> 나 : (   ) 가장 중요하다고 할 수 있지요.

① 건강이야말로
② 건강보다도
③ 건강조차
④ 건강만큼

19

> 가 : 식사로 무엇을 주문하시겠어요?
>
> 나 : 삼겹살 3(   ) 주세요.

① 그릇   ② 인분

③ 공기   ④ 개

20

> 가 : 어제 저녁에 많이 시끄럽던데 잠은 잘 잤어요?
>
> 나 : 아니요, 시끄러워서 잠을 잘 (   ).

① 못 잤어요   ② 잤나요

③ 잤죠   ④ 잘 거예요

※ [21 ~ 24] **다음 밑줄 친 부분이 틀린 것을 고르시오.**

21 ① 음악을 <u>들으면서</u> 공부를 해요.

② 기분이 <u>좋을 때</u> 콧노래를 불러요.

③ 공부를 <u>했을 때</u> 집안이 너무 시끄러워요.

④ 친구가 집에 놀러오기로 <u>해서</u> 전철역에 마중을 가요.

22 ① 저녁에 공원에서 <u>산책할까요</u>?

② 곧 도착하니까 조금만 <u>기다려 주세요</u>.

③ 수업 시간에는 전화를 <u>하지 마세요</u>.

④ 내일 센터에서 한국어를 <u>공부했지요</u>.

23 ① 피자가 한 <u>조각밖에</u> 안 남았어요.

② 몸이 <u>아팠고 해서</u> 병원에 갔어요.

③ 그 사람은 <u>친절한 대신에</u> 덜렁거려요.

④ 친구가 저에게 숙제를 <u>했냐고 물었어요</u>.

24 ① 강아지가 제 손을 <u>물렸어요</u>.

② 동생이 같이 여행을 <u>가자고 해요</u>.

③ 한국에 온 지 이제 1년이 <u>되어 가요</u>.

④ 회원 가입을 <u>해야</u> 물건을 살 수 있어요.

※ [25 ~ 28] 다음 ( )에 가장 알맞은 것을 고르시오.

25

> 가 : 케이 씨는 등산을 좋아하나요?
> 나 : 네, 쉬는 날엔 항상 산에 ( ).

① 갈게요 ② 가지 않습니다

③ 갑니다 ④ 가버렸죠

26

> 가 : 한국에 온 지 오래 되었으면 한국 문화에 대해 잘 알겠군요.
> 나 : 아니요, 한국에 온 지 얼마 되지 않아서 ( ).

① 잘 안답니다 ② 잘 알거예요

③ 잘 알았어요 ④ 잘 모릅니다

27

> 한국에 처음 왔을 때 한국 생활에 ( ) 힘들었어요.

① 적응할 겸 ② 적응하든지

③ 적응하느라고 ④ 적응하다시피

28

> 무리하게 다이어트를 하면 몸이 ( ).

① 약한지 몰라요 ② 약해질 뻔해요

③ 약한 줄 알았어요 ④ 약해지기 마련이에요

※ [29 ~ 33] 다음 글을 읽고 (   )에 알맞은 것을 고르시오.

29

> 진호 씨, 안녕하세요? 저 정수예요. 이번 주말에 아이 돌잔치를 해요. 내일 시간이 괜찮아요? 내일 만나서 (   ). 문자 확인하면 연락주세요.

① 돌잔치를 할 거예요
② 문자를 보내고 싶어요
③ 초대장을 주고 싶어요
④ 손님을 대접하고 싶어요

30

> 제가 한국에 처음 왔을 때 고향과 음식이 달라서 무척 고생했어요. 그리고 한국어도 잘 몰라서 한국 사람과 대화도 할 수 없었어요. 하지만 한국어를 배운 후부터 친구도 많이 사귀고 한국말로 대화도 할 수 있게 됐어요. 그래서 지금은 (   ).

① 친구들이 없어요
② 한국어를 잘 몰라요
③ 고향 음식을 가르쳐요
④ 한국 생활이 정말 즐거워요

31

> 저는 네팔에서 왔습니다. 한국에 온 지 3년 정도 되었습니다. 네팔에 있을 때 제 꿈은 한국에서 일하는 것이었습니다. (   ). 지금은 안산에 있는 작은 회사에 다니고 있습니다.

① 그런데 한국에서 취직할 수 없습니다
② 그리고 지금은 네팔에 있는 회사에 다닙니다
③ 그렇지만 그 꿈을 포기하고 중국으로 돌아왔습니다
④ 그래서 한국 회사에 취직하려고 열심히 노력했습니다

32

> 처음 한국 회사에 입사해서 회식할 때 술자리 예절을 몰라서 실수를 많이 했다. 술잔을 주고받을 때 왼손으로 술잔을 받기도 하고 윗사람한테 한 손으로 술을 따라서 주변 사람들에게 주의를 받은 적도 있다. 지금은 많이 익숙해져서 윗사람과 술을 마실 때는 두 손으로 잔을 받아서 고개를 돌려서 마신다. 한국에서 좋은 인간관계를 유지하며 즐거운 직장 생활을 하기 위해서는 (   ) 것을 알아야 한다.

① 술을 마셔야 한다는
② 술자리 예절도 중요하다는
③ 술을 즐겁게 마셔야 한다는
④ 예절보다는 마음이 중요하다는

33

> 어느 날 근처 대학에서 일반인을 위한 통역 과정을 운영한다는 소식을 들었다. 나는 통역사가 되고 싶었기 때문에 소식을 듣자마자 수강 신청을 했다. 낮에는 아르바이트를 하고 밤에는 수업을 들으며 힘든 하루하루를 보냈지만 통역사가 될 수 있을지도 모른다는 생각에 (   ). 무사히 과정을 마친 나는 더 큰 꿈을 위해 대학에 입학하여 공부하기로 결심했다.

① 근처 대학에 입학했다
② 포기하지 않고 노력했다
③ 이번 과정을 쉬기로 했다
④ 친구의 통역을 도와주었다

※ [34 ~ 36] 다음을 읽고 물음에 답하시오.

34 다음 명함에 있는 내용이 <u>아닌</u> 것은?

① 직위
② 회사 주소
③ 회사 이름
④ 휴대 전화

35 마트의 위치로 맞는 것은?

> 희나 씨에게,
>
> 내일 우리 집에서 반 친구들과 모임이 있는데 잊지 않았지요? 요리 재료가 없어서 장을 봐야 하는데 마트에 같이 갈 수 있어요? 마트에 가는 방법을 알려줄게요. 학교 앞에서 왼쪽으로 가면 횡단보도가 있어요. 횡단보도를 건너면 약국이 있는데 약국 오른쪽에 마트가 있어요. 내일 마트 앞에서 만나요.

①    ②

③    ④

36 다음 글을 쓴 사람이 이 식당에 간 이유는?

> 오랜만에 고향 친구가 한국에 놀러 왔습니다. 친구가 한국에서 유명한 음식을 먹고 싶어 해서 저는 친구와 함께 학교 앞에 있는 맛집에 갔습니다. 식당 앞에는 벌써 사람들이 줄을 서서 기다리고 있었습니다. 배가 많이 고팠지만 우리도 30분쯤 기다린 후에 식당에 들어갔습니다. 친구는 <u>이 식당</u> 음식을 좋아했고 고향으로 돌아가기 전에 다시 오자고 했습니다.

① 배가 많이 고파서
② 사람들이 줄을 서서 기다려서
③ 친구가 이 식당의 음식을 좋아해서
④ 친구가 한국의 유명한 음식을 먹고 싶어 해서

※ [37 ~ 38] 다음 글을 읽고 물음에 답하시오.

우리 가족은 지난 토요일에 제주도에 갔습니다. 아버지께서 가족 여행을 가자고 하셨기 때문입니다. ⊙ 그곳으로 가기 위하여 우리 가족은 차를 타고 공항까지 이동하였고, 공항에서도 한참을 기다린 뒤에 비행기를 (⊙   ). 비록 시간은 많이 걸렸지만, 책에서만 보던 곳을 직접 간다는 기쁨에 그다지 힘들지 않았습니다.

제주도는 정말 아름다운 섬이었습니다. 우리 가족은 바닷가 근처에 숙소를 정하였습니다. 눈앞에 정말 아름다운 바다가 보였습니다. 바닷물이 워낙 깨끗해서 물속에 들어가 보고 싶었습니다.

37 ⊙이 가리키는 곳은?

① 제주도　　　　　　　　　② 공항

③ 집　　　　　　　　　　　④ 여의도

38 ⊙에 들어갈 가장 알맞은 것은?

① 타지 못했습니다　　　　　② 탈 수 있었습니다

③ 기다렸습니다　　　　　　④ 찾지 못했습니다

※ [39 ~ 42] 다음 질문에 답하시오.

39 설날에 사람들을 만나면 복 많이 받으라고 하는 인사는 무엇인가?

① 차례　　　　　　　　　　② 새해

③ 안녕　　　　　　　　　　④ 세배

40 4대 명절 중 하나로 불을 사용하지 않고 찬 음식을 먹는 명절은?

① 단오　　　　　　　　　　② 한식

③ 추석　　　　　　　　　　④ 대보름

41 한국의 초등학교부터 대학교까지의 학년제가 옳게 연결된 것은?

① 5-4-3-4　　　　　　　② 6-3-3-5

③ 6-3-3-4　　　　　　　④ 5-3-3-5

42 다음 중 출산장려정책에 속하는 것은?

① 공유 주택　　　　　　　② 차량 2부제

③ 양육 수당 지원　　　　　④ 조기적응프로그램

※ [43 ~ 45] 다음 질문에 답하시오.

43 다음 글에서 ㉠과 ㉡에 알맞은 것은?

> 건강보험은 국민의 병원비 부담을 줄이기 위해 시행하고 있는 제도다. 건강보험은 직장가입자와 지역가입자로 적용 대상을 구분한다. 사업장의 근로자 및 사용자와 공무원, 그리고 피부양자는 (㉠)로 적용을 받고, 그 외 가입자는 (㉡)가 된다.

① ㉠ 사용자 - ㉡ 공무원

② ㉠ 근로자 - ㉡ 피부양자

③ ㉠ 직장가입자 - ㉡ 지역가입자

④ ㉠ 지역가입자 - ㉡ 피부양자

44 직접 만든 영상을 공유하거나 드라마나 영화 등의 영상을 볼 수 있는 온라인 동영상 재생 사이트는?

① 밴드　　　　　　　　　② 유튜브

③ 트위터　　　　　　　　④ 인스타그램

45 부동산 계약에 대한 설명으로 옳지 <u>않은</u> 것은?

① 본인이 원하는 집을 찾기 위해 공인중개사의 도움을 받는다.

② 원하는 물건의 소유자와 권리 상태를 알아보기 위해서는 등기부등본을 확인해야 한다.

③ 계약을 할 때는 반드시 소유자와 할 필요는 없고 해당 건물을 잘 아는 사람과 해도 된다.

④ 임대차계약을 했을 때는 등기소나 주민센터에 전입신고를 하면서 확정일자를 받아야 보호를 받을 수 있다.

※ [46 ~ 48] 다음 질문에 답하시오.

46 사회통합프로그램에 대한 설명으로 옳은 것은?

① 0단계부터 5단계까지 있다.

② 한국 국적 취득에는 도움이 안 된다.

③ 면접 심사와 실태 조사를 꼭 받아야 한다.

④ 종합평가에 합격하면 한국어 수업에 참여가 가능하다.

47 대한민국의 선거에 대한 설명으로 옳지 <u>않은</u> 것은?

① 후보자는 선거 공약을 한다.

② 한국에는 선거의 4원칙이 있다.

③ 지방 선거에서 교육감을 뽑는다.

④ 총선은 대통령을 뽑는 선거이다.

48 다음 글의 (　　)에 들어갈 알맞은 말은?

> 요즘 다양한 가족의 모습을 볼 수 있는데 최근에는 (　　　　)의 비율이 점점 늘고 있다. 처음부터 혼자 사는 사람도 있지만 이혼이나 사별 등의 이유로도 혼자가 된 사람들이 많아졌다. 그래서 이런 사람들을 위한 제품 또는 집이 늘고 있다.

① 맞벌이 부부   ② 대가족

③ 핵가족   ④ 1인 가구

※ [49 ～ 50] 다음을 읽고 (　　)에 들어갈 알맞은 것을 쓰시오.

49

> 가 : 민호 씨, 잠깐만요. 거기로 건너면 안 돼요.
>
> 나 : 아, 아라 씨. 식당에 휴대폰을 놓고 와서요.
>
> 가 : 급하더라도 교통 법규는 (　　　　　　　　　).
>
> 나 : 미안해요. 원래 지키는 게 당연한데 제가 휴대폰을 잃어버려서 많이 당황했나 봐요.

50

> 가 : 미나 씨, 오랜만이에요.
>
> 나 : 윤수 씨, 반가워요. 대학교에 입학했지요? 대학 생활은 어때요?
>
> 가 : 한국의 대학교는 처음인데 대학 생활에 (　　　　　　　) 다른 일은 신경도 못 쓰고 있어요.
>
> 나 : 처음이면 적응하는 데 힘들죠. 그래도 시간이 지나면 괜찮아질 거예요.

구술시험 ✦ **사회통합프로그램 기본소양 사전평가**

01 이 글을 소리 내어 읽어 보세요.

> 제 취미는 사진 찍기입니다. 저는 학교에서 친구들의 사진을 자주 찍습니다. 소피아 씨가 교실 앞에 있어서 사진을 찍었습니다. 소피아 씨는 키가 크고, 긴 갈색 머리를 가지고 있습니다. 그녀는 하얀 블라우스와 파란색 치마를 입은 단정한 모습이었습니다. 선생님도 우리와 함께 사진을 찍으셨는데, 키가 크고 안경을 쓰셨습니다. 그리고 회색 정장을 입고 계셨습니다. 선생님은 친절하시고, 우리를 잘 챙겨주셔서 좋아합니다.

02 다음 물음에 답하세요.

1) 이 글에서 이 사람은 어디에서 사진을 찍었습니까?

2) 이 글에서 선생님에 대해 설명해 보세요.

3) 이 글에서 소피아 씨에 대해 설명해 보세요.

03 다음 물음에 답하세요.

1) 여러분이 지금 입고 있는 옷에 대해 설명해 보세요.

2) 여러분의 가족이나 친구 중에서 한 사람을 소개해 보세요. 외모가 어때요? 옷차림이 어때요?

3) 여러분 고향의 사람들은 보통 어떤 옷을 입나요?

04 다음 물음에 답하세요.

1) 한국의 결혼식에서 가장 인상적인 부분은 무엇인가요? 그렇게 생각하는 이유는 무엇인가요?

2) 여러분의 고향과 한국의 결혼식은 무엇이 비슷한가요? 무엇이 다른가요?

3) 여러분 고향의 장례식 문화의 특징은 무엇인가요?

05 다음 물음에 답하세요.

1) 한국 사람들이 농촌보다 도시에서의 거주를 선호하는 이유는 무엇인가요?

2) 한국에서 사람들이 농촌을 떠나 도시로 이동하면서 농촌에는 어떤 문제점이 생기나요?

3) 한국에서 사람들이 농촌을 떠나 도시로 몰리면서 도시에는 어떤 문제점이 생기나요?

사회통합프로그램 사전평가
실전모의고사

정답 및 해설 234p

＊ 답은 반드시 답안지에 기입하시오.

※ [01 ～ 02] 다음 질문에 답하시오.

01 무엇이 있어요?

① 전화
② 체중계
③ 전등
④ 시계

02 어디가 아파요?

① 목
② 귀
③ 무릎
④ 허리

※ [03 ~ 04] 〈보기〉와 같이 밑줄 친 것과 의미가 <u>반대</u>인 것을 고르시오.

보기

가 : 마당이 <u>넓어요</u>?

나 : 아니요, 마당이 (   ).

❶ 좁아요   ② 길어요   ③ 짧아요   ④ 높아요

03

가 : 방에 책상이 <u>있어요</u>?

나 : 아니요, (   ).

① 없어요   ② 많아요

③ 적어요   ④ 좋아요

04

가 : 이번 행사는 규모를 작년보다 <u>확대</u>하는 것이 좋을까요?

나 : 사회적 분위기를 고려해서 작년보다 행사 규모를 (   )합시다.

① 기대   ② 참석

③ 성공   ④ 축소

※ [05 ~ 08] 다음 (   )에 가장 알맞은 것을 고르시오.

05

머리가 아프거나 배가 아플 때에는 (   )을/를 먹는다.

① 소화제   ② 해열제

③ 진통제   ④ 감기약

06

아까 도서관에 책을 (   ) 갔어요.

① 사러   ② 일하러
③ 빌리러   ④ 만들러

07

높은 곳에서 떨어져서 팔이 (   ).

① 났어요   ② 했어요
③ 나았어요   ④ 부러졌어요

08

민호는 청소를 (   ) 해서 깨끗하다.

① 꼼꼼히   ② 대충
③ 가끔   ④ 매우

※ [09 ~ 12] 다음 (   )에 가장 알맞은 것을 고르시오.

09

흐엉씨는 꼼꼼한 성격이어서 돈의 지출 내용을 빠뜨리지 않고 (   )에 적는다.

① 일기장   ② 가계부
③ 이력서   ④ 자기소개서

10

어제 서점에서 소설책 세 (   )을/를 샀어요.

① 장   ② 개
③ 권   ④ 잔

11

태국여행은 먹거리, 볼거리가 (   ) 좋아요.

① 없어서 ② 다양해서
③ 부족해서 ④ 비슷해서

12

요즘은 공연 티켓을 인터넷으로 바로 (   ) 수 있어요.

① 예매할 ② 작성할
③ 전송할 ④ 추가할

※ [13 ~ 14] 〈보기〉와 같이 밑줄 친 것과 의미가 비슷한 것을 고르시오.

보기

가 : 와! 벚꽃이 활짝 피어서 정말 <u>예쁘네요</u>.
나 : 예, 봄이 되어서 벚꽃도 피고 나무들도 새싹이 돋아 (   ).
① 더워요 ② 더러워요 ③ 귀여워요 ❹ 아름다워요

13

아나운서는 방송에서 표준어를 <u>사용한다</u>.

① 어렵다 ② 지킨다
③ 구사한다 ④ 떠오른다

14

경범죄 위반을 <u>가볍게</u> 생각하는 사람들이 많아요.

① 약하게 ② 지키게
③ 중요하게 ④ 대수롭지 않게

※ [15 ～ 17] 다음 ( )에 가장 알맞은 것을 고르시오.

15

> 가 : 이 옷 어때요?
> 나 : 미영 씨( ) 잘 어울려요.

① 에 　　　　　　　　　② 를
③ 에게 　　　　　　　　④ 에서

16

> 가 : 이 드라마는 오늘이 마지막이에요?
> 나 : 아니요. 다음 주( ) 해요.

① 지만 　　　　　　　　② 에서
③ 부터 　　　　　　　　④ 까지

17

> 제가 요즘 ( ) 동호회는 환경보호를 실천하기 위한 모임이에요.

① 참여할 　　　　　　　② 참여하는
③ 참여하던 　　　　　　④ 참여했던

※ [18 ～ 20] 다음 ( )에 가장 알맞은 것을 고르시오.

18

> 가 : 왜 이렇게 기분이 좋아요?
> 나 : 이번에 과장으로 승진을 ( ).

① 할게요 　　　　　　　② 해야 해요
③ 했거든요 　　　　　　④ 하기로 해요

19

> 가 : 오늘 눈이 왜 그렇게 빨개요?
> 나 : 어제 피곤해서 깜빡하고 콘택트렌즈를 (   ) 잤거든요.

① 낀 채로   ② 낄까 봐
③ 낄 정도로   ④ 낄 겸

20

> 가 : 인터넷에 연재되는 그 소설이 그렇게 재밌어요?
> 나 : 네, 한 번 보면 다음 편이 연재되길 (   ) 재밌어요.

① 기다릴 정도부터   ② 기다릴 정도조차
③ 기다릴 정도로   ④ 기다릴 정도밖에

※ [21 ～ 24] **다음 밑줄 친 부분이 틀린 것을 고르시오.**

21 ① 언니는 그림을 잘 <u>그린다</u>.
    ② 동생은 내일 동화책을 <u>읽었다</u>.
    ③ 나는 언니보다 키가 더 <u>크다</u>.
    ④ 며칠 동안 빨래를 안 했더니 쌓여 있어서 세탁기를 두 번 <u>돌렸다</u>.

22 ① '꼬리가 길면 밟힌다'는 속담이 있듯이 거짓말을 자꾸 하면 언젠가는 <u>들키는 법이다</u>.
    ② 희라 씨 성격에 한 번 실패했다고 그 일을 <u>포기할 리가 없다</u>.
    ③ 모든 일이 처음에는 힘들지만 참고 열심히 하다보면 곧 <u>적응하기 마련이다</u>.
    ④ 내가 어렸을 때는 동네 꼬마들이 모여서 매일 밖에서 늦게까지 <u>놀곤 한다</u>.

23 ① 친구가 나에게 <u>맛있으라고</u> 했어요.

② 방에 <u>들어가자마자</u> 컴퓨터를 켰어요.

③ 이 공원은 집도 <u>가깝고 해서</u> 자주 와요.

④ 이 식당은 음식이 <u>싼 데다가</u> 아주 맛있어요.

24 ① 창문 밖으로 산이 <u>보여요</u>.

② 저는 한국 음식을 <u>좋게 했어요</u>.

③ 지갑에 돈이 <u>천 원밖에</u> 없어요.

④ <u>요리하다가</u> 고향 친구의 전화를 받았어요.

※ [25 ~ 28] 다음 (   )에 가장 알맞은 것을 고르시오.

25

| 환경오염이 (   ) 동물들이 살아남기 힘들 것이다. |

① 계속되던   ② 계속되든지

③ 계속되는 한   ④ 계속되느라고

26

| 어렸을 때 친구들과 바다에서 (   ). |

① 수영하곤 했어요   ② 수영할지도 몰라요

③ 수영하려던 참이에요   ④ 수영할 수밖에 없어요

27

| (   ) 공장이 큰 피해를 입다. |

① 화재였더니   ② 화재다시피

③ 화재일수록   ④ 화재로 인해

28

너무 (   ) 결혼식에서 대답을 잘 못했어요.

① 긴장할 뻔해서　　　　　　　　② 긴장할 정도로

③ 긴장한 나머지　　　　　　　　④ 긴장한 척해서

※ [29 ~ 33] **다음 글을 읽고 (   )에 알맞은 것을 고르시오.**

29

내일은 어버이날입니다. 어버이날에는 부모님께 감사의 뜻으로 (   ).

① 꽃을 드립니다　　　　　　　　② 집안일을 합니다

③ 부모님을 만납니다　　　　　　④ 결혼을 축하드립니다

30

저는 한국 회사에 다닙니다 회사에서 번역 일을 하고 있습니다. 오늘 부장님이 저에게 베트남에서 온 계약서 번역을 부탁하셨습니다. 내일 오전 9시까지 계약서를 보내야 합니다. 그리고 오후에 회의 준비도 해야 합니다. 그래서 오늘은 (   ).

① 계약서를 썼습니다　　　　　　② 집에서 쉬어도 됩니다

③ 일이 거의 없는 편입니다　　　④ 바쁜 하루가 될 것 같습니다

31

요즘 (   ) 다른 사람들이 쓰던 중고 용품을 이용하는 사람들이 많다. 집 근처 재활용센터에 가보면 깨끗하고 좋은 물건들이 많다. 중고 물건이지만 오래된 옛날 물건이 아니라 짧은 기간 동안 사용했던 제품이나 최신형 제품도 많다. 옷부터 가구까지 모든 물건은 수리를 하고 품질을 확인했기 때문에 사용이 가능하다. 안 쓰는 물건을 가지고 와서 팔 수도 있고 또 필요한 물건을 싼 가격으로 살 수 있기 때문에 돈을 저축할 수도 있고 절약할 수도 있다.

① 물가가 조금 내려가서　　　　　② 물가가 많이 올라서인지

③ 수리를 받으려는 사람들이 많아서　④ 신제품을 좋아하는 사람들이 많아서

32

우리 집은 학교에서 조금 멉니다. 저는 아침마다 버스를 타고 학교에 갑니다. (   ).
그래서 한 번 갈아타야 합니다. 나중에 학교와 가까운 곳으로 이사를 가고 싶습니다.

① 그렇지만 앞으로는 걸어서 다닐 겁니다
② 하지만 다른 곳으로 이사는 안 갈 겁니다
③ 그런데 학교까지 바로 가는 버스가 없습니다
④ 왜냐하면 지하철보다 버스가 더 편하기 때문입니다

33

부천 ○○아파트에 화재 발생, 주민 10여 명 대피

오늘 낮 12시쯤 부천 시내의 아파트 단지에서 화재가 발생해 주민들이 대피하는 일이 발생했다.
아파트 10층에서 시작된 불은 위층인 11층까지 번져 두 층을 모두 태운 후 30분만에 꺼졌다. 불은
주민들이 거의 없는 낮 시간에 발생했고 (   ) 사망자나 부상자는 없었다. 현재
경찰은 정확한 화재 원인을 조사하고 있다.

① 아픈 사람이 없어서   ② 불이 빠르게 번져서
③ 주민들이 빠르게 대피해서   ④ 소방차가 제 시간에 오지 못해

※ [34 ~ 36] 다음을 읽고 물음에 답하시오.

34 다음 공원 이용 안내문의 내용에 해당하는 표지판이 <u>아닌</u> 것은?

35 다음 내용에서 아나 씨가 미호 씨에게 부탁한 것은?

미호 씨, 오늘 고향에서 친구가 와서 지금 공항에 가고 있어요. 그래서 한국어 수업에 못 갔어요. *아나*

미호 그래요?

네, 수업이 끝나면 오늘 숙제 좀 보내 주세요. *아나*

미호 네 그럴게요. 친구하고 즐거운 시간 보내세요.

① 친구 만나기
② 숙제 보내기
③ 공항에 가기
④ 한국어 수업에 가기

36 다음 글을 쓴 사람이 어제 옷 가게에 간 이유는?

> 3일 전에 옷 가게에서 면접 때 입을 바지를 하나 샀습니다. 옷 가게에서 입었을 때는 사이즈가 잘 맞고 편했습니다. 하지만 집에서 입어 보니까 디자인이 마음에 안 들었습니다. 그래서 저는 어제 다시 옷 가게에 갔습니다. 가게에 다른 디자인의 바지가 있어서 그 바지로 바꾸었습니다.

① 편한 바지가 필요해서
② 바지 사이즈가 맞지 않아서
③ 면접 때 입을 바지가 필요해서
④ 새로 산 바지 디자인이 마음에 안 들어서

※ [37 ~ 38] 다음 글을 읽고 물음에 답하시오.

(   )

공장에서의 업무는 창고에 있는 재고를 정리하고 조사하는 일로, 시간은 오전 6시부터 오후 3시까지입니다. 고등학교 이상의 학력이 필요하고, 가끔 창고의 물건을 차로 옮기는 일도 하기 때문에 운전을 할 수 있어야 합니다. 이 일을 처음 하는 분들도 쉽게 할 수 있습니다. 주 5일 근무이지만 사원이 되면 한 달에 한 번씩 휴가도 사용할 수 있습니다. 그리고 2년 후에는 진급의 기회도 있습니다. 관심 있는 분들의 많은 지원 바랍니다.

37 위 글의 (   )에 들어갈 알맞은 말은?

① 공장 안내를 구합니다.
② 신입 사원을 모집합니다.
③ 판매직 직원을 구합니다.
④ 자동차 운전사를 모집합니다.

38 위 글의 내용과 <u>다른</u> 것은?

① 운전면허증이 필요하다.
② 매달 휴가를 쓸 수 있다.
③ 경력이 없으면 할 수 없다.
④ 고등학교를 졸업하면 지원할 수 있다.

※ [39 ~ 42] 다음 질문에 답하시오.

39 한국의 명절 중 추석과 관련된 설명이 <u>아닌</u> 것은?

① 음력 8월 15일이고 밤에는 보름달을 보고 소원을 빕니다.

② 아침에는 차례를 지내고 성묘를 갑니다.

③ 세배를 하고 떡국을 먹습니다.

④ 전날에는 가족이 모여서 송편을 만들고 차례 음식을 준비합니다.

40 다음 내용이 설명하는 것으로 가장 알맞은 것은?

> • 한국의 전통 집을 의미한다.
> • 온돌과 마루가 있다.
> • 기와집, 초가집 등이 있다.

① 한옥
② 한과
③ 한복
④ 한지

41 다음 중 한국을 대표하는 꽃의 이름은?

① 무궁화
② 벚꽃
③ 목련
④ 국화

42 아이가 태어나서 1년이 되는 날에 하는 행사는?

① 생신잔치
② 돌잔치
③ 환갑잔치
④ 칠순잔치

※ [43 ~ 45] 다음 질문에 답하시오.

43 다음 글에서 ㉠과 ㉡에 알맞은 것은?

> 한국에는 말과 관련된 속담이 있다. 이러한 속담을 통해 말이 가치있다는 것을 알 수 있다. '낮말은 새가 듣고 밤말은 쥐가 듣는다, 호랑이도 제 말하면 온다'는 속담은 (㉠) 말하라는 것, '말이란 아 해 다르고 어 해 다르다, 입은 비뚤어져도 말은 바로 해라'는 속담은 말을 항상 (㉡) 하라는 의미를 가지고 있다.

① ㉠ 조심해서 – ㉡ 바르게   ② ㉠ 시간을 보고 – ㉡ 조심해서
③ ㉠ 바르게 – ㉡ 시간을 보고   ④ ㉠ 시간을 보고 – ㉡ 바르게

44 다음 글에서 ㉠에 알맞은 것은?

> 2022년 한국에서는 26만여 건의 사고가 발생했다. 그중 가장 많이 발생한 사고는 약 19만여 건의 교통사고로 전체 사고의 73%에 해당한다. 다음으로는 화재사고가 4만여 건이 발생했다. 그 뒤로 등산, 자전거, 추락 사고의 순으로 나타났다. 서로 조심하면 일어나지 않을 사고도 서로의 부주의로 인해 발생하는 경우가 많다. 서로가 조금만 조심하고 신경쓰면 (㉠).

① 사고도 줄어들 것이다
② 사고가 발생할 것이다
③ 운전을 잘하게 될 것이다
④ 부주의를 하게 될 것이다

45 다음 중 호칭어를 잘못 사용한 사람은 누구인가?

① 희선 씨는 옆집에 사는 3살 많은 여자를 부를 때 '언니'라고 불렀다.
② 메이 씨는 식당에서 일하는 50대의 여자를 부를 때 '아줌마'라고 불렀다.
③ 철수 씨는 나이가 지긋하고 점잖은 여자를 부를 때 '사모님'이라고 불렀다.
④ 켈리 씨는 아직 결혼하지 않은 30대의 직장 동료를 '아줌마'라고 불렀다.

※ [46 ~ 48] 다음 질문에 답하시오.

46 국민건강보험에 대한 설명으로 옳은 것은?

① 모든 가입자의 보험료는 동일하다.

② 개인의 의사에 따라 가입할 수 있다.

③ 건강보험에 가입하지 않아도 혜택을 받는다.

④ 6개월 이상 거주하는 외국인이면 가입할 수 있다.

47 한국의 절기에 대한 설명으로 옳지 <u>않은</u> 것은?

① 하지는 낮이 가장 길다.

② 동지에는 팥죽을 먹는다.

③ 춘분을 봄의 시작으로 본다.

④ 추분이 지나면 밤이 길어진다.

48 다음 글의 (   ) 안에 들어갈 알맞은 말은?

> 과거 한국 사람들은 온돌을 이용하여 난방을 했지만, 현재 (   )를 통해 방바닥을 데우는 방식으로 바뀌게 되었다. 온돌과 다르게 아궁이에 불을 때지 않고 뜨거운 물이 방바닥을 흐르는 방식이다.

① 구들   ② 굴뚝

③ 보일러   ④ 대청마루

※ [49 ~ 50] 다음을 읽고 (   )에 알맞은 것을 쓰시오.

49

> 가 : 유나 씨, 여행 좋아하죠? 요즘 어디로 여행을 가면 좋을까요?
>
> 나 : 지금은 여름이니까 부산에 가 보면 어때요? 여름의 부산 바다가 (   ).
>   정말 아름다워서 바다를 보고 있으면 기분이 좋아져요.
>
> 가 : 그래요? 하지만 부산은 지난 가을에 가 봤는데……
>
> 나 : 여름은 또 달라요. 다시 한 번 가 보세요.

50

> 가 : 이 근처에 운동하기 좋은 곳이 어디예요?
>
> 나 : 가까운 곳에 공원도 있고 학교 옆에 체육 센터도 있어요. 그런데 갑자기 운동을 해요?
>
> 가 : 네, 친구가 새해에 운동을 시작했는데 저에게 같이 (   ).
>
> 나 : 운동을 하면 건강에 좋으니까 이번 기회에 열심히 해 보세요.
>
> 가 : 네. 저도 그러려고요.

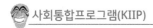

01 이 글을 소리 내어 읽어 보세요.

> 오늘 저는 친구와 함께 점심을 먹기 위해 식당에 갔습니다. 식당이 유명한 곳이라 그런지, 도착했을 때는 이미 사람들이 많아서 약 20분 정도 기다려야 했습니다. 기다리는 동안 메뉴를 고르고, 드디어 자리에 앉자마자 김치찌개를 주문했습니다. 김치찌개는 매콤하고 뜨거워서 추운 날씨에 먹기에 딱 좋았습니다. 식사를 마친 후에는 후식으로 식당에서 제공하는 달콤한 식혜를 마셨습니다. 기다린 보람이 있을 만큼 맛있는 식사였습니다.

02 다음 물음에 답하세요.

1) 이 사람이 식당에 간 이유는 무엇인가요?

2) 이 사람은 거기에서 얼마나 기다렸나요? 왜 기다렸나요?

3) 이 사람은 거기에서 무엇을 먹었나요? 맛이 어땠나요?

03 다음 물음에 답하세요.

1) 여러분의 친구가 한국에 온다면 어떤 한국 음식을 대접해 주고 싶나요? 왜 그런가요?

2) 고향의 대표적인 음식은 무엇인가요? 그 특징은 무엇인가요?

3) 한국의 대표적인 음식 중에서 먹기 힘든 음식은 무엇인가요? 그 이유는 무엇인가요?

04 다음 물음에 답하세요.

1) 한국에는 특별한 생일잔치가 있습니다. 그 중 한 가지를 설명해 보세요.

2) 돌잔치 때 돌잡이에서 사용하는 물건에는 무엇이 있습니까? 그 물건 중 한 가지를 골라 그 의미를 설명해 보세요.

3) 고향의 특별한 생일잔치가 있습니까? 그중에서 한 가지를 소개해 보세요.

05 다음 물음에 답하세요.

1) 집 근처에 있는 은행의 종류는 무엇입니까? 그곳에서는 무엇을 할 수 있습니까?

2) 최근 인터넷 뱅킹 또는 모바일 뱅킹이 인기가 많습니다. 인터넷 뱅킹의 장점과 단점을 말해 보세요.

3) 인터넷과 스마트폰에서 발생하는 금융 사기를 예방하려면 어떻게 해야 하는지 구체적인 방법을 이야기해 보세요.

사회통합프로그램 사전평가
실전모의고사

정답 및 해설 239p

✱ 답은 반드시 답안지에 기입하시오.

※ [01 ~ 02] 다음 질문에 답하시오.

01 무엇이 있어요?

① 피자　　　　② 빵
③ 떡　　　　　④ 과일

02 어디에 가요?

① 카페　　　　② 식당
③ 약국　　　　④ 편의점

※ [03 ~ 04] 〈보기〉와 같이 밑줄 친 것과 의미가 <u>반대</u>인 것을 고르시오.

보기

가 : 마당이 <u>넓어요?</u>

나 : 아니요, 마당이 (   ).

❶ 좁아요   ② 길어요   ③ 짧아요   ④ 높아요

03

가 : 버스가 전철보다 더 <u>빨라요?</u>

나 : 아니요, 버스가 더 (   ).

① 멀었어요   ② 느려요

③ 지났어요   ④ 올거에요

04

가 : 오늘 아침에 <u>일찍</u> 일어났어요?

나 : 아니요, (   ) 일어났어요.

① 급하게   ② 새벽에

③ 늦게   ④ 빨리

※ [05 ~ 08] 다음 (   )에 가장 알맞은 것을 고르시오.

05

가 : 와, 밖에 눈이 많이 왔어요.

나 : 우리 나가서 같이 (   )을/를 만들까요?

① 선물   ② 스키

③ 눈사람   ④ 눈싸움

06

여기에서 사진을 (   ) 마세요.

① 찍지   ② 듣지
③ 쓰지   ④ 놀지

07

그 책은 너무 (   ) 읽을 수 없었어요.

① 맑아서   ② 어려워서
③ 달콤해서   ④ 가벼워서

08

어제 몸이 아파서 숙제를 (   ) 하지 못했어요.

① 전혀   ② 설마
③ 항상   ④ 아마

※ [09 ~ 12] 다음 (   )에 가장 알맞은 것을 고르시오.

09

이 책은 한국어 공부를 위해 (   ) 받은 책이다.

① 의뢰   ② 추천
③ 보상   ④ 칭찬

10

시장에는 물건을 파는 사람들과 사려는 사람들로 항상 (   )인다.

① 속삭   ② 한산
③ 움직   ④ 북적

11

어제 길에서 (   ) 사람이 내 동생이야.

① 있을   ② 오고 있는
③ 만난   ④ 만날

12

서류를 작성할 때는 (   ) 작성해야 한다.

① 빠르게   ② 대충
③ 다르게   ④ 정확하게

※ [13 ~ 14] 〈보기〉와 같이 밑줄 친 것과 의미가 비슷한 것을 고르시오.

> 보기
>
> 가 : 와! 벚꽃이 활짝 피어서 정말 <u>예쁘네요</u>.
> 나 : 예, 봄이 되어서 벚꽃도 피고 나무들도 새싹이 돋아 (   ).
> ① 더워요   ② 더러워요   ③ 귀여워요   ❹ 아름다워요

13

교통사고로 다치는 사람이 많아지면서 아이들의 안전을 <u>걱정하는</u> 사람들이 많다.

① 양보하는   ② 배려하는
③ 추구하는   ④ 우려하는

14

지난주에 <u>돌아가신</u> 분은 우리 할아버지예요.

① 노력하신   ② 들어가신
③ 달라지신   ④ 별세하신

※ [15 ~ 17] 다음 (   )에 가장 알맞은 것을 고르시오.

15

> 가 : 내일 뭐 타고 가요?
> 나 : 비행기(   ) 타고 가요.

① 를   ② 가
③ 에   ④ 와

16

> 가 : 보통 언제 등산을 가요?
> 나 : 일요일(   ) 등산을 가요.

① 까지   ② 마다
③ 에서   ④ 에게

17

> 가 : 한국에서는 어른께 물건을 드릴 때 두 손으로 (   ).
> 나 : 그래요? 몰랐어요. 알려줘서 고마워요.

① 드리려고 해요   ② 드려야 돼요
③ 드려도 돼요   ④ 드려 봤어요

※ [18 ~ 20] 다음 (   )에 가장 알맞은 것을 고르시오.

18

> 가 : 바빠 보이는데 제가 좀 도와 드릴까요?
> 나 : 네, 그럼 제가 요리를 (   ) 청소 좀 해 주시겠어요?

① 할 겸   ② 했던
③ 하는 동안   ④ 할까 봐

19

> 가 : 여보, 오늘은 좀 일찍 들어오세요.
> 나 : 알았어요. 회사 마치고 바로 (   ).

① 들어올게요

② 들어온단다

③ 들어와야 돼요

④ 들어온 적이 없어요

20

> 가 : 구청에 가야 하는데 한국말을 잘 못해서 걱정이에요.
> 나 : 남편이 같이 가서 (   ) 무슨 걱정이에요.

① 도와줬는데   ② 도와주기 위해서

③ 도와줄 텐데   ④ 도와주는 데다가

※ [21 ~ 24] 다음 밑줄 친 부분이 틀린 것을 고르시오.

21 ① 저는 기분이 <u>좋을 때</u> 노래를 불러요.

② 친구가 한국에 <u>와서</u> 공항에 마중을 가요.

③ 가족들과 <u>먹으러</u> 김밥을 만들어요.

④ 고향에 <u>돌아가면</u> 취직하고 싶어요.

22 ① 자전거를 탈 때에 주의를 <u>기울여야</u> 한다.

② 아버지께서는 나를 데리고 자주 야구장에 <u>다니셨다</u>.

③ 사계절이 뚜렷하여 아름다운 풍광을 지닌 한국은 여행하기 <u>까다로운</u> 나라이다.

④ 스마트폰 사용으로 좋은 점도 많지만 그에 따른 부작용도 <u>많아지고 있다</u>.

23 ① 회사 사람들과 <u>알아 가는</u> 중이에요.
② 날씨가 추워서 방을 <u>따뜻해 놓았어요</u>.
③ 꾸준히 연습해서 수영을 <u>잘하게 됐어요</u>.
④ 책을 <u>정리하느라고</u> 전화를 받지 못했어요.

24 ① 방이 어두워서 <u>밝으려던</u> 참이에요.
② 문이 <u>닫히는</u> 소리가 크게 들렸어요.
③ 친구가 힘들다고 해서 잠시 <u>쉬려고 해요</u>.
④ 화장실 문이 <u>잠겨 있어서</u> 다른 곳으로 갔어요.

※ [25 ~ 28] **다음 (   )에 가장 알맞은 것을 고르시오.**

25

| 시간이 (   ) 백화점에 사람들이 점점 많아졌다. |

① 지나도록 ② 지날수록
③ 지나느라고 ④ 지날 정도로

26

| 잠깐 낮잠을 (   ) 지금 덜 피곤한 것 같아요. |

① 잤더니 ② 자든지
③ 자곤 해서 ④ 자느라고

27

| 매일 (   ) 케이팝을 좋아해요. |

① 듣는 데다가 ② 들을 뻔해서
③ 들을 정도로 ④ 듣는 척하고

28

TV에서 (   ) 이번 여름을 더울 거예요.

① 볼수록　　　　　　　　　　② 보더니

③ 보는 한　　　　　　　　　　④ 보셨다시피

※ [29 ~ 33] **다음 글을 읽고 (　　)에 알맞은 것을 고르시오.**

29

어제 저는 혼자 친구 결혼식에 갔습니다. 친구와 친구의 신랑, 그리고 친구의 부모님을 뵈었습니다. 그리고 처음 한국에서 결혼식을 구경했습니다. 예식이 끝난 다음에 저는 (　　　　　).

① 폐백을 드렸습니다

② 신혼여행을 갔습니다

③ 피로연에 참석했습니다

④ 결혼식 사회를 봤습니다

30

이번 주 토요일에 반 친구 카나 씨가 고향에 돌아갈 거예요. 그래서 내일 저녁에 카나 씨를 위한 (　　　　　　　). 지하철역 2번 출구 옆에 있는 식당에서 모일 거예요. 그리고 카나 씨에게 줄 선물도 가지고 오세요.

① 모임을 할 거예요

② 생일 파티가 있어요

③ 공연을 준비할 거예요

④ 한국어 수업이 있어요

31

> 오늘은 친구와 좋아하는 떡볶이랑 순대를 먹기 위해 분식집을 가기로 했습니다. 분식집에서 만난 친구와 우선 좋아하는 떡볶이랑 순대를 1인분씩 시켜서 먹었는데 너무 맛있어서 1인분씩을 더 먹었습니다. 생각보다 많이 먹어서 나올 때는 배가 (   ).

① 고팠습니다   ② 더 먹고 싶었습니다

③ 너무 불렀습니다   ④ 알 수 없었습니다

32

> 사람마다 좋아하는 것이 다르기 때문에 즐기는 취미활동도 다르다. 하지만 각자 생활을 하다가 가끔은 (   ). 캠핑은 가족들이 함께 즐길 수 있는 취미활동이다. 멀고 좋은 곳이 아니더라도 가족과 함께 이야기하고 맛있는 음식을 나누면서 행복한 추억을 만들 수 있다. 부모와 아이가 같이 계획하고 준비하면서 생각을 나누고 캠핑을 떠나서 생기는 여러 상황을 함께 겪으면서 가족 간의 사랑을 키울 수도 있다.

① 부부가 함께 즐길 수 있는 시간이 필요하다

② 혼자만의 여행을 떠나는 시간이 있으면 좋겠다

③ 일을 그만두고 여유 있는 시간을 가지면 좋겠다

④ 가족들이 함께 즐겁게 시간을 보낼 수 있다면 좋겠다

33

> 일상생활 중에 일어날 수 있는 가벼운 범죄 행위를 경범죄라고 한다. 보통 사람들이 법을 어기는 행동이라고 생각하지 못하는 것들이 많다. 예를 들어 길거리에 쓰레기를 버리거나 침을 뱉는 행위 등이 있다. 경범죄는 범죄이며 다른 이들에게 피해를 줄 수 있기 때문에 모두가 잘 사는 사회를 만들기 위해서 (   )이 필요하다.

① 법이 없는 세상

② 하고 싶은 대로 하는 것

③ 쓰레기를 함부로 버리는 것

④ 법을 위반하지 않으려는 노력

※ [34 ~ 36] 다음을 읽고 물음에 답하시오.

34 다음 글에서 설명하고 있지 <u>않은</u> 그림은?

〈공연장 이용 안내〉
- 사진을 찍지 마세요.
- 큰 소리를 내지 마세요.
- 휴대폰을 사용하지 마세요.

①  ②

③   ④

35 다음 내용에서 알 수 있는 것은?

우편 업무 시간	월~금	09 : 00 ~ 12 : 30 13 : 30 ~ 18 : 00 12 : 30 ~ 13 : 30(점심시간 휴무)
금융 업무 시간	월~금	09 : 00 ~ 12 : 30 13 : 30 ~ 16 : 30 12 : 30 ~ 13 : 30(점심시간 휴무)

① 점심시간에도 업무를 볼 수 있다.

② 주말에도 우편 업무를 볼 수 있다.

③ 모든 업무는 오전 8시에 시작한다.

④ 오후 5시에는 금융 업무를 못 본다.

36 다음 글을 쓴 사람이 출입국외국인청에 간 이유는?

> 지난주 월요일에 지하철에서 지갑을 잃어버렸습니다. 지갑에는 돈과 외국인등록증이 있었는데 지갑을 찾지 못했습니다. 그래서 외국인등록증을 다시 받으려고 출입국외국인청에 갔습니다. 지난달에 체류 기간을 연장하려고 온 적이 있어서 쉽게 도착했습니다. 그리고 미리 예약을 하고 가서 쉽게 신청할 수 있었습니다. 사진도 필요해서 출입국외국인청 근처에서 사진도 찍었습니다.

① 제출할 사진을 찍으려고
② 체류 기간 연장을 하려고
③ 외국인등록증을 재발급하려고
④ 외국인등록증 분실신고를 하려고

※ [37 ~ 38] 다음 글을 읽고 물음에 답하시오.

> 소금은 음식 본래의 맛과 어울려 맛을 향상시키는 작용을 한다. 소금은 고기뿐만 아니라 곡식, 채소 등 다양한 재료와 어울리며 우리의 입맛을 돋운다. 그냥 먹으면 너무 짜고 쓰기까지 하지만 다른 맛과 적절히 어울리면 기가 막힌 맛을 내는 것이 바로 소금이다. 실제로 우리가 먹는 음식 가운데 차, 커피, 과일과 같은 몇몇 기호 식품을 빼고는 거의 모든 음식에 (㉠   ).

37 ㉠에 들어갈 가장 알맞은 것은?

① 넣지 않는다   ② 차를 넣는다
③ 소금을 넣는다   ④ 먹는다

38 위 글의 내용과 같은 것은?

① 소금을 넣으면 음식 본래의 맛을 잃어버린다.
② 음식에 소금을 넣어서는 안 된다.
③ 소금을 넣는다고 해서 음식이 짜지는 것은 아니다.
④ 소금은 음식의 맛을 향상시키는 작용을 한다.

※ [39 ~ 42] 다음 질문에 답하시오.

39 한국의 서울에 있는 유명한 시장은?

① 통인 시장 ② 죽도 시장
③ 전주 시장 ④ 예산 시장

40 한국의 도로명 주소에 들어가는 것은?

① 주인 이름 ② 도로 위치
③ 도시 크기 ④ 건물 번호

41 방바닥을 따뜻하게 하는 한국의 전통적인 난방 방법은 무엇인가?

① 대청 ② 보일러
③ 장작 ④ 온돌

42 문자를 보낼 때 자신의 기분이나 감정을 쉽게 전달할 수 있는 것은?

① 안내문 ② 표지판
③ 전화번호 ④ 이모티콘

※ [43 ~ 45] 다음 질문에 답하시오.

43 다음 글에서 ㉠과 ㉡에 알맞은 것은?

> 사업자가 만든 제품 등을 사용하거나 이용하면서 불편을 겪거나 (㉠)을/를 입은 소비자는 어떻게 해야 할까? 둘 사이에서 해결하기 어려운 문제들을 상담해 주는 곳이 소비자상담센터이다. 이곳은 소비자단체, 한국소비자원, 지방자치단체가 협력하여 운영하고 있는 곳으로, 소비자가 원하는 상담기관이나 상담 가능한 (㉡)을/를 연결하여 피해구제, 상담정보 제공, 소비자 불만 등을 처리하게 된다.

① ㉠ 분쟁 – ㉡ 정부　　　　　　② ㉠ 피해 – ㉡ 분쟁

③ ㉠ 피해 – ㉡ 전문상담원　　　④ ㉠ 정부 – ㉡ 전문상담원

44 다음 글에서 ( )에 들어갈 알맞은 것은?

> 공유주택은 여러 사람이 함께 생활하면서 주거비를 절약할 수 있는 주거 형태이다. 특히, 젊은 층 사이에서 인기가 높다. 공유주택에 살면 개인 공간과 공동 공간을 적절히 나눠 사용할 수 있으며, 생활비를 절감할 수 있다는 장점이 있다. 또한, 서로 다른 사람들과 교류하며 다양한 문화와 생각을 접할 수 있는 기회가 된다. 이러한 공유주택의 장점을 잘 활용하면 ( ).

① 사생활이 침해될 것이다

② 생활비가 증가할 것이다

③ 개인 공간이 부족할 것이다

④ 주거비를 절감할 수 있을 것이다

45 임대차 계약 후 확정일자를 받을 수 있는 곳으로 옳게 짝지어진 것은?

① 주민센터 – 경찰서　　　　　　② 소방서 – 시청

③ 구청 – 부동산 중개소　　　　　④ 주민센터 – 등기소

※ [46 ~ 48] 다음 질문에 답하시오.

46 강릉 단오제에 대한 설명으로 옳은 것은?

① 강릉 단오제는 매년 겨울에 개최된다.

② 강릉 단오제는 강릉 지역 주민들만 참여할 수 있다.

③ 강릉 단오제에서는 현대적 음악과 춤을 배울 수 있다.

④ 강릉 단오제는 유네스코 세계 무형 유산으로 지정되었다.

47 평생 교육에 대한 설명으로 옳지 <u>않은</u> 것은?

① 평생 교육은 누구나 언제든지 참여할 수 있다.

② 평생 교육은 주로 어린이와 청소년을 대상으로 한다.

③ 평생 교육은 정규 교육 과정을 마친 후에도 계속된다.

④ 평생 교육은 다양한 형태의 교육 프로그램을 제공한다.

48 다음 글의 (   )에 들어갈 알맞은 말은?

> 문화포털은 다양한 문화 콘텐츠를 제공하는 온라인 플랫폼이다. 사용자는 문화포털에 접속하여 영화, 음악, 전시 등 다양한 문화 정보를 쉽게 찾아볼 수 있다. 또한, (   )을/를 통해 각종 문화 행사에 대한 최신 소식을 받아볼 수 있다.

① 후기

② 로그아웃

③ 다운로드

④ 회원 가입

※ [49 ~ 50] 다음을 읽고 ( )에 알맞은 것을 쓰시오.

49

가 : 지훈 씨, 어제 퇴근길에 무슨 일이 있었나요?

나 : 네, 어제 퇴근하다가 앞차가 갑자기 멈추는 바람에 ( ). 정말 깜짝 놀랐어요.

가 : 와, 그랬으면 사고가 났겠어요. 아무 일이 없어서 정말 다행이에요.

나 : 고마워요. 미나 씨도 출퇴근할 때 항상 조심하세요.

50

가 : 제니 씨, 한국어를 정말 잘하시네요! 처음부터 한국어를 잘했어요?

나 : 아니요, 저도 처음엔 한국어가 많이 어려웠어요.

한국 사람의 말을 잘 알아듣진 못했지만 한국 사람들 앞에서는 한국어를 ( ).

가 : 아, 그랬군요. 그래도 지금은 정말 유창하게 말하시네요.

나 : 감사합니다. 한국어 공부를 계속 열심히 했거든요.

구술시험 ✦ **사회통합프로그램 기본소양 사전평가**

01 이 글을 소리 내어 읽어 보세요.

> 한국은 사계절이 뚜렷합니다. 봄에는 날씨가 따뜻하고 꽃이 핍니다. 많은 사람들이 야외로 나가서 꽃구경을 즐깁니다. 여름은 덥고 습하고, 장마가 있습니다. 장마철이 끝나면 사람들이 바다나 산으로 피서를 갑니다. 가을에는 조금 쌀쌀해집니다. 모든 산에 단풍이 들어 단풍놀이를 즐기는 사람들이 많습니다. 겨울은 춥고 눈이 자주 내립니다. 스키나 스노보드 같은 겨울 스포츠가 인기가 많습니다.

02 다음 물음에 답하세요.

1) 한국의 봄과 가을은 날씨가 어떤가요?

2) 한국 사람들은 여름에 무엇을 하나요?

3) 한국 사람들은 겨울에 무엇을 하나요?

03 다음 물음에 답하세요.

1) 여러분은 무슨 계절을 좋아해요? 그 계절을 왜 좋아하나요?

2) 여러분은 어떤 날씨를 싫어해요? 그 날씨를 왜 싫어하나요?

3) 여러분은 여름에 어디로 휴가를 가고 싶어요? 그곳에 가고 싶은 이유가 무엇인가요?

04 다음 물음에 답하세요.

1) 여러분이 가장 많이 사용하는 생활비는 무엇인가요? 왜 그것을 많이 사용하나요?

2) 여러분은 생활비를 아끼기 위해 어떻게 하나요? 그 중에 가장 효과적인 방법은 무엇인가요?

3) 여러분의 고향에서 물건을 싸게 살 수 있는 방법은 무엇인가요?

05 다음 물음에 답하세요.

1) 한국의 교육열이 높은 이유는 무엇인가요?

2) 한국의 교육열이 높아서 생기는 문제점은 무엇인가요?

3) 교육열로 인해 발생하는 문제를 해결하기 위한 방안을 제시해 보세요.

실전 모의고사
정답 및 해설

KIIP
사회통합프로그램
사전평가

실전 모의고사 정답 및 해설

제1회 실전 모의고사

문제 135p

01 ①	02 ①	03 ①	04 ③	05 ①	06 ③	07 ①	08 ②	09 ④	10 ③
11 ②	12 ④	13 ①	14 ③	15 ③	16 ③	17 ②	18 ①	19 ③	20 ②
21 ②	22 ①	23 ①	24 ④	25 ③	26 ②	27 ④	28 ③	29 ①	30 ②
31 ②	32 ③	33 ④	34 ②	35 ①	36 ④	37 ③	38 ②	39 ④	40 ④
41 ①	42 ②	43 ①	44 ③	45 ①	46 ①	47 ④	48 ②		

49	하지 않는 줄 알았어요. / 안 하는 줄 알았어요.	50	가는 대신에

01 ①

우리나라 전통 간식인 떡의 한 종류인 송편이다.

02 ①

이 사람은 요리를 하고 있다.

03 ①

'떨어지다'의 반대되는 말은 '붙다', '합격하다'이다.

04 ③

'동의하다'의 반대되는 어휘는 '반대하다'이다.

05 ①

주말마다 산에 간다는 표현이 있으므로 빈칸에 들어갈 단어는 '등산'이다.

06 ③

'입다, 팔다, 좋아하다'는 목적어가 필요하다. 이 동사들 앞에 '을/를'이 없어서 답이 될 수 없다.

07 ①

부모님 생일이라서 '음식을 먹을 수 있게 식탁 위에 준비한다'는 의미의 '차려요'가 적절하다.

08 ②

질문하는 내용이 확실하지 않을 때 '혹시'를 사용해서 물어본다.

09 ④

재활용 쓰레기를 종류별로 나누어서 버린다는 표현인 '분리수거'가 들어가는 것이 적절하다.

10 ③

③ **조용하게** : 말썽이 없이 평온하게

11 ②

눈이 내려 길이 미끄러우니 운전에 주의하라고 하고 있다.

12 ④

④ **예매** : 물건을 받기 전에 미리 값을 치르고 사 둠.

13 ①

사다(샀다) – 구입하다(구입했다)

14 ③

양육하다(양육하는) – 키우다(키우는)

15 ③

어딘가에 가는 방법을 이야기할 때 교통수단(차, 버스, 비행기 등) 뒤에 '-(으)로'를 사용한다.

16 ③

책을 반납할 때, 즉 시간을 물어보는 것이므로 '가기 전에'가 적절하다.

17 ②

듣는 사람과 함께 하고 싶은 것을 물어볼 때 '-(으)ㄹ래요'를 사용한다.

18 ①

미래의 일을 추측하는 표현인 '올 것 같다'를 써야 한다.

19 ③

-(으)ㄹ걸 그랬다 : 그렇게 했으면 좋았을 것이나 하지 않은 어떤 일에 대해 가벼운 뉘우침이나 아쉬움을 나타낸다.

20 ②

-느라고 : 뒤에 오는 내용의 원인이나 이유라는 뜻을 나타내는 보조사. 뒤에는 부정의 뜻을 가진 말이 올 때가 많다.

21 ②

② 추우려고 해요 → 좋아요
'-(으)려고 하다'는 어떤 행동을 하기 전이나 앞으로 할 계획을 이야기할 때 사용하는데 '형용사'를 사용하지 않는다. '춥다'는 형용사이므로 틀린 문장이다.

22 ①

① 부른 편이에요 → 부르는 편이에요
기분이 좋을 때 보통 자주 하는 것을 대답하므로 과거시제가 아닌 현재시제인 '-는 편이다'를 사용해야 한다.

23 ①

① 하다가 → 해서

24 ④

④ 먹었어요 → 먹을걸 그랬어요

25 ③

-은/는 채로 : '이미 있는 상태 그대로 있다'는 뜻을 나타낸다.

26 ②

명사+(이)야말로 : 어떤 것을 강조하여 확인하는 뜻을 나타낸다.

27 ④

④ 내일 출발하는 방법 말고 다른 방법이 없을 때 '-(으)ㄹ 수밖에 없다'를 사용한다.

28 ③

③ 공연장에 늦게 도착해서 공연의 앞 부분을 보지 못했다는 문장인데, 어떤 결과가 생긴 원인을 이야기할 때 '-(으)ㄴ 나머지'를 사용한다.

29 ①

내일 백화점에 가서 할 일을 말하는 것이므로, ①이 적절하다. 가족들은 고향에 있어서 만나거나 같이 밥을 먹을 수 없다.

30 ②

의사에게 증상을 말하고 그 해결방법을 물어보는 것이므로 증상을 설명하는 ②가 적절하다.

31 ②

제주도에 간다는 계획을 이야기한 후 빈칸 뒤 문장에서 비행기 표 가격을 말하고 있으므로 빈칸에는 비행기 표를 예약했다는 ②가 적절하다.

32 ③

따뜻한 남부 지방과 추운 북부 지방의 특성에 따라 한옥의 구조가 약간씩 다른 점을 설명하고 있다.

33 ④

평생 교육은 교육을 통해 더 발전할 수 있게 도와 줘서 사람들에게 인기가 있다.

34 ②

이 사람의 친구는 지금 노래를 배우고 있다.

35 ①

①의 그림은 뚜껑이 있는 음료수를 마시지 말라는 것이다. 그런데 공연장 에티켓에서 뚜껑이 있는 음료수는 마셔도 된다고 했기 때문에 설명한 것과 다르다.

36 ④

대중교통을 이용하면 마음이 편하다고 했으므로 반장님의 차를 탈 때는 마음이 불편했다는 것을 알 수 있다.

37 ③

'이에 반해 요즘은 결혼하지 않은 자녀와 부모, 이렇게 2대가 같이 생활하는 핵가족의 형태가 가장 많습니다.'라고 했으므로 반대되는 내용인 과거의 전통적인 '대가족 형태'를 가리키고 있다.

38 ②

가족을 소중하게 생각하는 것은 과거나 현재나 마찬가지이지만, 과거에는 아버지에게 복종하는 가부장적인 분위기였고, 가족을 이어가는 것이 남자라는 생각에 아들을 선호하였습니다. 현재는 결혼하지 않은 자녀와 부모, 이렇게 2대가 같이 생활하는 핵가족 형태가 많습니다.

39 ④

음식이 입 안에 들어 있을 때는 되도록 말을 하지 않는다.

40 ④

- **만원** – 세종대왕
- **오천원** – 이이
- **천원** – 이황
- **백원** – 이순신

41 ①

대한민국의 수도는 서울이다.

42 ②

제헌절은 7월 17일이다.

43 ①

과거 한국에서 명당은 집 뒤에 산이 있고 앞에 물이 흐르는 곳이었다. 지금은 교육 환경과 교통이 좋은 곳을 많이 찾는다. 그래서 ㉠은 '물'이고, ㉡은 '학교'가 된다.

44 ③

④ 이 글에서 설명하는 명절은 '단오'이다. 단오 때 열리는 유명한 축제는 '강릉 단오제'가 있다.

45 ①

① 적금의 가입 기간이 길면 길수록 받을 수 있는 이자가 많아진다.
적금에 가입할 때는 신분증이 필요하다. 정기 적금은 항상 같은 날에 돈을 넣는다. 반대로 아무 날에나 돈을 넣을 수 있는 적금은 자유 적금이다.

46 ①

① 모든 지역 아리랑의 가사는 비슷한 부분은 있어도 모두 다르다.

47 ④

④ '다음'은 인터넷을 시작할 때 거쳐가거나 검색을 할 수 있는 포털사이트이다.

48 ②

② 등기부등본은 등기소나 대법원인터넷등기소에서 확인할 수 있다.

49 하지 않는 줄 알았어요. / 안 하는 줄 알았어요.

알고 있는 것이 사실과 다를 때 '-는 줄 알았다'를 사용한다.

50 가는 대신에

비가 와서 등산이 아닌 다른 것을 할 때 '-는 대신에'를 사용한다.

구술시험 ◆ 예시 대답

02 1) 모든 것이 낯설고 조금 힘들었어요. 그리고 한국어를 잘 몰라서 가끔 답답했어요.

2) 좋은 친구들도 사귀고, 한국어도 조금씩 늘어서 생활이 재미있어졌어요.

3) 마리 씨와 같이 한강 공원에 가고 싶다고 했어요.

03 1) 한국에 처음 왔을 때는 모든 것이 매우 낯설었어요. 길을 찾는 것도 어려웠고, 식당에서 음식을 주문하는 것도 쉽지 않았어요. 특히, 한국어 발음이 익숙하지 않아서 사람들이 말하는 것을 이해하는 데 많은 시간이 걸렸어요.

2) 요즘은 한국 생활이 많이 편해졌어요. 대중교통 이용도 익숙해졌고, 한국 친구들과 자주 만나서 함께 시간을 보내요. 특히, 한국 음식을 점점 더 좋아하게 되었고, 다양한 음식을 시도해 보는 것도 즐거운 경험이에요.

3) 앞으로는 한국어 공부를 더 열심히 해서, 더 많은 사람들과 자연스럽게 대화하고 싶어요. 또한, 한국의 전통 문화를 더 깊이 이해하기 위해 전통 시장이나 사찰 같은 곳을 방문해 보고 싶어요. 그리고 한국에서 일자리를 찾아서 이곳에서 오랫동안 지낼 계획도 있어요.

04 1) 제가 자주 이용하는 대중교통은 지하철이에요. 지하철은 빠르고 정시에 도착해서 약속 시간을 맞추기 좋아요. 또한, 노선이 잘 연결되어 있어서 서울의 거의 모든 곳을 쉽게 이동할 수 있어요.

2) 한국에서 대중교통을 이용하면서 느낀 편리한 점은 교통카드 하나로 버스와 지하철 모두 이용할 수 있다는 것이에요. 하지만 가끔 출퇴근 시간에는 사람들이 너무 많아서 자리가 없을 때가 불편해요. 그래도 전반적으로 시스템이 잘 갖춰져 있어 대중교통을 이용하는 것이 편리하다고 생각해요.

3) 제 고향에서는 주로 버스와 택시를 이용해요. 한국의 대중교통과 비슷한 점은, 고향에서도 교통카드나 앱으로 쉽게 결제할 수 있다는 점이에요. 하지만 차이가 있다면, 고향에서는 버스나 지하철이 자주 오지 않아서 한국처럼 빠르고 편리하게 이동하기는 어려워요.

05 1) 인터넷으로 정보를 검색할 때 가장 편리한 점은 언제 어디서나 필요한 정보를 빠르게 찾을 수 있다는 것이에요. 다양한 정보를 쉽게 비교할 수 있고, 필요한 정보를 빠르게 얻을 수 있어 시간과 노력을 절약할 수 있어요. 또한, 인터넷을 통해 최신 정보를 바로 확인할 수 있는 것도 큰 장점이에요.

2) 정보를 검색할 때는 출처의 신뢰성을 꼭 확인해야 해요. 인터넷에는 잘못된 정보나 가짜 뉴

스도 많기 때문에, 믿을 수 있는 웹사이트나 출처에서 정보를 확인하는 것이 중요해요. 또한, 개인정보를 보호하기 위해 비밀번호를 복잡하게 만들고, 자주 변경하는 것이 필요해요.

3) 인터넷을 통해 다양한 일들을 할 수 있어요. 예를 들어, 인터넷 뱅킹을 이용해 은행 업무를 처리하거나, 인터넷 쇼핑을 통해 필요한 물건을 구입할 수 있어요. 또한, 이메일을 보내거나, 온라인 강의를 듣고, 영화를 감상하는 등 다양한 활동을 할 수 있어요.

제2회 실전 모의고사

문제 152p

01	④	02	③	03	②	04	③	05	①	06	③	07	②	08	①	09	②	10	③
11	②	12	①	13	②	14	④	15	④	16	④	17	③	18	④	19	④	20	②
21	①	22	②	23	③	24	①	25	④	26	③	27	④	28	③	29	②	30	③
31	②	32	②	33	④	34	④	35	③	36	④	37	①	38	②	39	①	40	②
41	①	42	①	43	②	44	④	45	②	46	③	47	①	48	②				

49	잘 팔릴 정도로/잘 팔릴 만큼	50	떨리기 마련이에요

01 ④
그림은 냉장고이다.

02 ③
단풍을 볼 수 있는 계절은 가을이다.

03 ②
'금지하다'의 반대되는 어휘는 '허가하다'이다.
① 나타나다 – 사라지다
③ 가입하다 – 탈퇴하다
④ 거절하다 – 허락하다

04 ③
'지저분하다'의 반대되는 말은 '깨끗하다'이다.
① 당황하다 – 태연하다
② 조용하다 – 시끄럽다
④ 한가하다 – 바쁘다

05 ①
카드를 분실하면 카드회사에 전화해서 분실 신고를 해야 한다.

06 ③

전화 통화를 해서 약속 시간을 결정할 때는 '③ 약속 시간을 정하다'라고 한다.

'약속 시간을 하다', '약속 시간을 사다', '약속 시간을 이루다'라는 말은 없다.

07 ②

장학금은 학교 성적이 우수하거나 학업을 장려하기 위하여 학생에게 보조해 주는 돈이다. 장학금을 받으면 기분이 좋기 때문에 '기쁘다'가 적절하다. '화나다, 답답하다'는 부정적인 기분이고, '그립다'는 누군가가 보고 싶거나 어떤 것이 매우 필요할 때 사용한다.

08 ①

'거짓 없이 내용 그대로'라는 뜻의 '정말'이 적절하다.
② '설마'는 부정적인 추측을 강조할 때 쓴다.
④ '미리'는 어떤 일이 생기기 전에라는 뜻으로 이 문장과 어울리지 않는다.

09 ②

② 범칙금 : 도로교통법의 규칙을 어긴 사람에게 과하는 벌금
① 퇴직금 : 퇴직하는 사람에게 회사에서 지급하는 돈
③ 수수료 : 어떤 일을 맡아 처리해 준 데 대한 대가로서 주는 요금
④ 입장료 : 들어가기 위하여 내는 요금

10 ③

투표 : 선거를 하거나 찬성이나 반대를 결정할 때에 투표용지에 의사를 표시하여 일정한 곳에 내는 일

11 ②

② 애완견들이 대소변을 가리거나 등의 잘한 일이 있을 때는 바로 칭찬해 주어야 한다.

12 ①

① 요즘은 구청에서 발급해 주는 민원서류를 구청에 직접 가지 않고 인터넷으로 신청하고 발급받을 수 있다.

13 ②

아프다 - 편찮다

14 ④

낯선 사람 - 모르는 사람

15 ④

커피를 마시는 장소가 카페이다. 어떤 행동이 이루어지고 있는 장소를 나타낼 때 '에서'를 사용한다. '에'는 보통 이동을 나타내는 동사(가다, 오다, 다니다 등)와 함께 쓰인다.

16 ④

케이크를 만들고 그 케이크를 가지고 간다는 내용이다. 그래서 앞의 행동이 끝난 상태에 이어서 다른 행동을 할 때 사용하는 '아/어서'가 적절하다.

17 ③

어떤 곳에 가는 목적이 지하철을 타는 것이다. 그래서 어떤 곳에 가는 목적을 나타낼 때 사용하는 '-(으)러 가다'가 적절하다.

18 ④

먹었는데도 : 기침 때문에 감기약을 먹었다. 그런데도 낫지 않았다의 의미이다.

19 ④

그림을 그리면 기분이 좋아지기 때문에 그림을 즐겨 그린다는 뜻이다.

20 ②

'나'의 대답은 머리를 자른 것을 후회하고 있다. 그래서 과거 행동의 후회를 나타내는 '-(으)ㄹ 걸 그랬다'가 옳은 표현이다.

21 ①

① 와 가지고 → 오니까

'-아/어 가지고' 뒤에는 '-(으)세요, -ㅂ/읍시다'
를 사용하지 않는다.

'-(으)니까'를 사용한 '오니까'로 바꾸어 쓸 수
있다.

22 ②

② 비싸는 대신에 → 비싼 대신에

'-(으)ㄴ 대신에'는 앞의 내용과 다르거나 반대의
내용을 나타낸다.

형용사인 '비싸다'는 '-(으)ㄴ 대신에'를 사용해서
'비싼 대신에'가 된다.

23 ③

③ 입으세요 → 입었어요

24 ①

① 이야기했던 → 이야기하는

'지금'이라고 했으므로 '이야기하는'이라고 현재
형으로 써야 한다. '이야기했던'은 과거형이다.

25 ④

'늦으면 안 된다'의 의미로 '늦지 않도록'이 들어가
야 한다.

26 ③

운동도 되고 에너지 절약도 된다는 의미로 '운동
도 될 뿐 아니라'가 들어가야 한다.

27 ④

배가 아픈 이유는 점심을 잘못 먹었기 때문이다.
보기에서 이유를 나타내는 것은 ④이다.

28 ③

휴가도 못 가고 쉬지도 못한다는 의미이다. 그래
서 앞의 내용과 더 못한 것을 부정할 때 사용하는
'-은/는커녕'이 들어가야 한다.

29 ②

이 사람은 지금 밖에 나가야 하는데 세탁이 아직
끝나지 않아서 철수에게 세탁 후의 일을 부탁하
고 있다.

30 ③

가족의 생일에는 항상 함께 식사를 하는데 이 사
람은 지금 가족과 떨어져 있어서 그러지 못한다.
따라서 고향에 있는 가족이 보고 싶다는 내용이
들어가야 한다.

31 ②

여러 가지 채소와 나물, 고추장과 참기름을 넣고
비벼 먹었다는 걸로 '비빔밥'임을 알 수 있다.

32 ②

가족이 모두 중국에 살고 있다고 했으므로, 혼자
한국에 살고 있는 것이 옳다.

33 ④

'그러나' 다음에는 앞의 내용과 상반되는 내용이
온다. 뒤의 내용이 스마트폰을 잘못 사용할 때 생
기는 문제이기 때문에 ④가 적절하다.

34 ④

글에서 설명하는 표지판은 '주의, 규제, 지시' 표
지판이다.

④는 보조표지판으로 주의, 규제, 지시 표지판의
내용에 설명을 덧붙이기 위한 것이다.

35 ③

일정표에서 월요일과 화요일에 '한국어 공부'가
있으므로 ③이 옳다.

① 토요일에 친구와 영화를 본다.

② 일요일에 친구와 청소한다는 내용이 없다.

④ 화요일에 공원에서 운동을 한다.

36 ④

글의 마지막 문장에서 이 사람이 하고 싶은 것이 '한국 전통 문화 구경, 다른 나라 친구 만나기'라고 쓰여 있다. 따라서 축제에 참석하고 싶어 하는 이유는 한국 전통 문화를 보기 위해서이다.

37 ①

훈민정음은 백성을 위하여 만들었고 그 훈민정음이 사회 발전에 기여했다는 의미이므로 훈민정음을 가리키는 것이다.

38 ②

글자를 모르던 일반 백성들도 문자생활을 하게 되어 사회 구성원들 간에 더 넓은 의사소통의 길이 열렸고, 백성들이 더 나은 삶을 누리는 데 도움이 되었다.

39 ①

식사할 때 그릇을 손으로 들고 먹는 것은 예절에 어긋난다.

40 ②

김장은 가을에 김치를 많이 담가 땅을 파서 묻은 항아리에 저장했다가 채소가 귀한 겨울에 먹기 위한 방법이다.

41 ①

동창회는 같은 학교를 졸업한 사람들이 친목을 위해서 만든 모임이다.

42 ①

신라는 기원전 57년 박혁거세가 세운 나라로 수도는 현재의 경주이다.

43 ②

• 제헌절은 한국의 헌법을 제정·공포한 것을 기념하기 위하여 제정한 국경일로 7월 17일이다.

• 개천절은 한국의 첫 번째 나라인 고조선의 건국을 기념하기 위하여 제정한 국경일로, 10월 3일이다.

• 한글날은 세종대왕이 창제한 훈민정음의 반포를 기념하기 위하여 제정한 국경일로 10월 9일이다.

• 현충일은 나라를 위하여 싸우다 숨진 장병과 순국선열들의 충성을 기리기 위하여 정한 날로 6월 6일이며, 국경일이 아니다.

44 ④

워라밸은 워크 라이프 밸런스의 줄임말로 일과 삶(여가)의 균형을 추구한다는 뜻이며, 일이 끝난 후에 자신이 원하는 삶을 보낼 수 있다는 의미이다. 이것은 크지 않아도 확실하게 즐길 수 있는 행복을 위해서 요즘 젊은 직장인들이 실천하고 있다.

45 ②

②의 설명은 '월세'이고, '전세'는 집주인에게 돈을 주고 일정 계약기간 동안 빌렸다가 기간이 끝나면 그 돈을 돌려받고 집을 비워주는 것을 말한다.

46 ③

성년이 되는 것을 기념하여 정한 날로 19세가 되는 사람을 대상으로 행사를 실시한다. 매년 5월 셋째 월요일이다.

47 ①

온돌은 한국의 전통 난방 장치로 아궁이에 불을 때서 방바닥을 따뜻하게 한다. 그러므로 아궁이가 없으면 난방을 할 수 없다.

48 ②

1973년 환경 문제 해결을 위해 유엔(UN)에서 만든 국제기구는 유엔환경계획(UNEP)이다.

49 잘 팔릴 정도로/잘 팔릴 만큼

앞의 대화에서 잘 팔린다고 하기 때문에 그 정도로 1인 가구가 늘었다는 것을 나타낼 수 있어야 한다. 그래서 뒤의 상태가 앞의 것과 비슷한 정도임을 나타내는 '-(으)ㄹ 정도로' 또는 '-(으)ㄹ 만큼'을 사용한다.

50 떨리기 마련이에요

처음 투표하면 누구나 떨린다는 내용을 나타낼 수 있어야 한다. 그래서 어떤 일이 생기거나 어떤 상태가 되는 것이 당연하다는 '-기 마련이다'를 사용한다.

구술시험 ✦ 예시 대답

02 1) 그릇에 따뜻한 밥을 담고, 그 위에 나물, 고기, 달걀 등을 올려요. 마지막으로 고추장과 참기름을 넣고 잘 섞어서 만들어요.

2) 비빔밥은 고소하고 매콤한 맛이 어우러져 있어 입맛을 돋우어요.

3) 다양한 재료의 맛을 함께 즐길 수 있고, 건강에 좋은 채소가 많이 들어가 있어 건강식으로 외국 사람들에게 인기가 많아요.

03 1) 제가 한국 음식 중에서 좋아하는 음식은 불고기예요. 불고기는 고소하고 달콤한 맛이 있어서 먹을 때마다 기분이 좋아져요. 특히, 고기를 얇게 썰어 양념에 재운 후 구워 먹는 과정이 재미있고, 다른 반찬들과 함께 먹으면 더욱 맛있어요.

2) 제 고향 사람들이 좋아하는 음식은 마파두부예요. 마파두부는 매콤하고 부드러운 두부가 특징이라서 많은 사람들이 즐겨 먹어요. 또

한, 밥과 함께 먹으면 든든한 한 끼 식사가 되기 때문에 자주 먹는 편이에요.

3) 제 고향 음식 중에서 한국 사람에게 소개하고 싶은 음식은 꿔바로우예요. 꿔바로우는 얇게 썬 고기를 튀겨서 새콤달콤한 소스에 버무린 음식으로, 식감이 바삭하고 맛이 아주 좋아요. 한국 사람들도 이 독특한 맛을 즐길 수 있을 것 같아서 꼭 한번 소개하고 싶어요.

04 1) 한국은 6 · 25 전쟁 이후 경제적으로 매우 어려운 상황이었으나, 짧은 시간 안에 빠른 경제 성장을 이루었어요. 이를 통해 한국은 세계적으로 주목받는 경제 대국이 되었으며, 이러한 성장을 '한강의 기적'이라고 불러요.

2) 한국이 발전하게 된 주요 요인은 풍부한 노동력, 뜨거운 교육열, 그리고 경제 위기를 극복하려는 강한 의지예요. 특히, 교육열이 중요한 역할을 했으며, 많은 사람들이 높은 수준의 교육을 받아 우수한 인재로 성장하였고, 이것이 경제 발전에 크게 기여했어요.

3) 고향의 나라가 더 발전하기 위해서는 교육에 대한 투자와 기술 혁신이 필요해요. 특히 우수한 인재 양성과 첨단 기술 개발에 집중하면 경제 성장과 국제 경쟁력을 강화할 수 있을 것이에요.

05 1) 주체적인 환경오염 사례는 미세 먼지라고 생각해요. 한국에서는 미세 먼지로 인해 공기가 나빠져서 숨쉬기 어려운 날이 있어요. 특히 봄과 겨울철에 미세 먼지가 심해져서 마스크를 착용하고 외출해야 하는 경우가 자주 있어요.

2) 환경오염의 가장 큰 원인은 산업화와 도시화로 인한 배기가스와 같은 대기 오염 물질의 배출이에요. 많은 공장과 자동차에서 배출되는 유해 가스들이 공기를 오염시키고 있어요. 이로 인해 대기 질이 나빠지고, 건강에 악영향을 미치고 있어요.

3) 제가 심각하다고 생각하는 환경오염은 대기 오염이에요. 대기 오염은 사람의 건강에 큰 영향을 미치며, 미세 먼지로 인해 호흡기 질환이 발생할 수 있어요. 이를 해결하기 위해서는 배기가스를 줄이는 것이 중요해요. 예를 들어, 전기차나 하이브리드 자동차를 이용하고, 대중교통을 더 자주 이용하며, 자전거를 타는 등의 방법이 있어요. 또한, 공장에서는 더 깨끗한 에너지를 사용하고, 배출 가스를 줄이기 위한 기술을 도입해야 해요.

제3회 실전 모의고사

문제 169p

01	③	02	①	03	①	04	③	05	①	06	②	07	③	08	③	09	④	10	③
11	②	12	③	13	①	14	④	15	④	16	③	17	④	18	①	19	②	20	①
21	③	22	④	23	②	24	①	25	③	26	④	27	③	28	④	29	③	30	④
31	④	32	②	33	②	34	②	35	②	36	④	37	①	38	②	39	④	40	②
41	③	42	③	43	③	44	②	45	③	46	①	47	④	48	④				

49	지켜야 하는 법이잖아요	50	적응하느라(고)

01 ③

그림은 생선이다.

02 ①

그림은 축구를 하고 있는 모습이다.

03 ①

거리가 멀다라는 의미의 '멀어요'의 반대는, 거리가 가깝다라는 의미의 '가까워요'이다.

04 ③

환하게 잘 보인다는 의미인 '밝아요'의 반대는, 캄캄해서 잘 안보인다는 의미인 '어두워요'이다.

05 ①

좋아하는 것을 같이 하는 사람들의 모임을 '동호회'라 한다. 따라서 등산을 좋아하는 사람들의 모임을 등산 동호회라 한다.

06 ②

'가다, 오다, 다니다' 앞에 장소 명사는 '에'를 사용한다.
'보다, 일하다, 만나다' 앞에 장소 명사가 있을 경우에는 '에서'를 사용한다.

07 ③

소금은 맛이 짜다. 그리고 '짜다'의 반대말은 '싱겁다'이고 소금이 안 들어가면 싱겁기 때문에 ③이 적절하다.

08 ③

'~ 있을 겁니다'는 예상을 한 것이므로 빈칸에는 예상을 나타내는 '아마'가 들어가야 한다.

09 ④

격려하다 : 용기나 의욕이 솟아나도록 북돋게 하다.

10 ③

문장의 내용상 영어와 중국어를 잘하는 사람을 필요로 한다는 의미이므로, 빈칸에는 그와 같은 의미인 '능통한'이 들어가야 한다.

11 ②

초대 : 어떤 모임에 참가해 줄 것을 청함.

12 ③

극복하다 : 악조건이나 고생 따위를 이겨내다.

13 ①

① '입양하다'는 다른 사람이 낳은 아이를 자신의 가족으로 하여 지내는 것이다.
② '재혼하다'는 이혼 후 다시 결혼하는 것이다.

14 ④

한국어 실력이 좋아진 것은 이전보다 한국어를 더 잘하게 된 것이다. 그래서 '실력, 수준, 기술 따위가 나아지다'의 의미가 있는 ④가 들어가야 한다.
① '개발하다'는 앞에 조사 '을/를'이 온다.

15 ④

물건을 놓는 위치나 장소를 이야기할 때에는 '에'를 사용한다.

16 ③

듣는 사람에게 부탁할 때 '-아/어 주세요'를 사용한다.

17 ④

눈 앞에 있는 물건에 대해 예쁘다는 표현으로 '예쁘네요'가 적절하다.
①·②는 보지 않은 상태에서 예상을 하는 것이고, ③은 문맥과 전혀 어울리지 않는다.

18 ①

'~ 중에서 가장 ~'에 어울리는 말은 '~이야말로'이다. '건강이야말로 가장 ~.'의 표현이 적절하다.

19 ②

식당에서 삼겹살과 같이 고기류를 주문할 때는 '~인분 주세요'와 같이 말한다.

20 ①

잘 잤냐고 했는데 '아니요'라고 했으므로 잘 못 잤다는 말이 나와야 한다. 따라서 빈칸에는 '못 잤어요'가 알맞다.

21 ③

① 공부를 했을 때 → 할 때, 하고 있을 때
'공부를 했을 때'는 이미 지난 일을 말하는 것이고, '너무 시끄러워요'는 지금 일어나고 있는 일이기 때문에 '했을 때'는 적합하지 않다.

22 ④

② 공부했지요 → 공부할 거예요
'내일'은 미래이고, '공부했지요'는 과거형이므로 문장이 어울리지 않는다. 따라서 밑줄 친 곳에는 '공부할 거예요'와 같이 미래를 나타내는 말이 들어가야 한다.

23 ②

② 아팠고 해서 → 아프고 해서, 아파서
'–고 해서'는 과거 표현인 '았/었'을 사용할 수 없다.

24 ①

① 물렸어요 → 물었어요
강아지가 물린 것이 아니고 손을 가진 사람이 강아지에게 물린 것이다.

25 ③

등산을 좋아한다고 했으므로 빈칸에는 산에 간다는 표현이 나와야 한다. 따라서 빈칸에는 '갑니다'가 들어가야 한다.

26 ④

잘 알고 있냐는 질문에 대해 '아니요'라고 했으므로 빈칸에는 잘 모른다는 표현이 들어가야 한다. 따라서 '잘 모릅니다'가 적절하다.

27 ③

힘든 이유를 이야기할 때 사용할 수 있는 것은 앞에 오는 말이 나타내는 행동 뒤에 오는 말이 목적이나 원인이 됨을 나타내는 '–느라고'이다.

28 ④

심한 다이어트를 하면 몸이 약하게 되는 것은 당연하다. 따라서 '당연히 그렇다'를 나타내는 '–기 마련이다'가 적절하다.

29 ③

주말에 하는 돌잔치 초대장을 주려고 내일 만나는 것이다.

30 ④

한국에 처음 왔을 때는 힘들었고 지금 한국 생활은 처음 왔을 때와 바뀌었다.

31 ④

한국에서 일하고 싶어서 네팔에서 열심히 노력한 결과 지금은 한국의 안산에서 일한 지 3년 정도 됐다는 내용이다. 따라서 빈칸에는 한국에서 일하고자 열심히 노력했다는 내용이 들어가야 한다.

32 ②

외국과 다른 한국만의 술자리에서의 예절이 있는데, 특히 직장에서도 술자리 예절의 중요성을 알고 이를 이해하려는 노력이 있어야 직장 안에서 좋은 인간관계와 즐거운 직장생활을 할 수 있다.

33 ②

① 대학에 입학하지 않았다.
③ 수강 신청을 해서 과정을 수강하고 있다.
④ 친구의 통역을 도와주었다는 내용은 없다.

34 ②

② 회사 주소는 없다.
이 명함에는 회사 이름, 본인 이름, 직위, 회사 전화번호, 휴대전화번호, 이메일 주소가 있다.

35 ②

② 마트에서 만나는데 마트는 횡단보도를 건넌 후 약국의 오른쪽에 있다.

36 ④

이 글의 두 번째 문장에 친구와 맛집에 간 이유가 있다.

37 ①

가족끼리 제주도에 가기 위해 차를 타고 공항으로 이동하였으므로 '그곳'은 제주도이다.

38 ②

빈칸 다음 문장에서 '비록 시간은 많이 걸렸지만, ~'을 통해 비행기를 탔음을 알 수 있다. 따라서 앞 문장은 '한참을 기다린 뒤에 비행기를 탈 수 있었습니다'가 되어야 한다.

39 ④

새해 설날엔 부모님이나 어른들에게 복 많이 받으시라는 인사로 '세배'를 한다.

40 ②

한식은 설날, 단오, 추석과 함께 4대 명절의 하나이다. 그날에는 불의 사용을 금하여 불을 사용하지 않은 찬 음식을 먹는다.

41 ③

한국의 학년제는 초등학교 6년, 중학교 3년, 고등학교 3년, 대학교 4년이다.

42 ③

① 공유 주택은 1인 가구를 위한 정책이다.
② 차량 2부제는 대기오염을 줄이기 위해 차량을 차량 번호의 끝자리 수와 홀수, 짝수 날짜와 맞춰 운행하는 정책이다.
④ 조기적응프로그램은 처음 입국하는 외국인이 우리 사회에 빨리 적응하는 데 필요한 생활정보, 기초법률을 습득할 수 있는 기회를 제공하는 정책이다.

43 ③

회사나 공공기관 근무자, 그리고 그들이 부양하는 사람은 직장가입자이고, 그 외는 지역가입자이다.

44 ②

② 유튜브는 동영상 재생 사이트이다.
① 밴드는 모임을 위해 사용하고, ③·④ 트위터와 인스타그램은 SNS로 소통을 위한 것이다.

45 ③

계약은 반드시 해당 건물 소유자와 해야 한다. 소유자의 위임장을 소지한 사람과 하게 될 경우에도 위임인이 확실한지, 그리고 소유자의 위임이 확실한지 등을 알아보고 해야 한다.

46 ①

사회통합프로그램은 국적 취득에 혜택을 주고 있으며, 종합평가 합격 시 면접 심사를 면제받을 수 있다. 그리고 사전 평가에 합격하면 한국어 수업에 참여가 가능하다.

47 ④

④ 총선은 대통령이 아니라 국회의원을 뽑는 선거이다.

48 ④

최근 늘고 있는 가족은 1인 가구이다.

49 지켜야 하는 법이잖아요

당연히 그렇게 해야 하는 것을 말할 때 '-는 법이다'를 사용한다. '-기 마련이다'는 이 문장과 어울리지 않는다.

50 적응하느라(고)

다음 내용에 '적응하는 데~'의 내용이 있으므로 '적응하느라고'가 적절하다.

✦ 예시 대답

02 1) 이 사람은 교실 앞에서 사진을 찍었어요.

2) 선생님은 키가 크고, 안경을 쓰셨으며, 회색 정장을 입고 계십니다. 또한, 선생님은 친절하시고, 학생들을 잘 챙겨줘요.

3) 소피아 씨는 키가 크고, 긴 갈색 머리를 가지고 있어요. 그녀는 하얀 블라우스와 파란색 치마를 입은 단정한 모습이에요.

03 1) 저는 지금 회색 티셔츠와 청바지를 입고 있어요. 티셔츠는 부드럽고 가벼워서 여름에 입기 좋고, 청바지는 어디에나 잘 어울려서 자주 입는 편이에요.

2) 제 친구 리우는 키가 크고, 짧은 검은 머리를 가지고 있어요. 그는 파란색을 좋아해서 파란색 셔츠를 자주 입어요. 그는 늘 깔끔한 옷차림을 유지하는 편이에요.

3) 제 고향 중국에서는 다양한 옷을 입어요. 명절이나 특별한 행사 때는 전통 옷인 치파오를 입는 사람들이 많아요. 도시에서는 서양식 옷을 많이 입지만, 전통 의상을 입고 생활하는 사람들도 많아요.

04 1) 한국의 결혼식에서 가장 인상적인 부분은 결혼식이 짧고 간결하게 진행된다는 점이에요. 한국에서는 결혼식이 보통 한 시간 내외로 빠르게 진행돼서 많은 사람들이 참석하기 편해요. 또한, 결혼식이 끝난 후 바로 피로연을 통해 축하하는 문화도 흥미로웠어요.

2) 고향의 결혼식과 한국의 결혼식은 가족과 친척들이 함께 모여 축하하는 점이 비슷해요. 하지만 한국에서는 결혼식이 짧고 간단하게 진행되는 반면, 고향에서는 결혼식이 하루 종일 이어지기도 해요. 또한, 한국에서는 현대적인 결혼식을 주로 올리지만, 고향에서는 전통적인 요소가 더 많은 결혼식을 볼 수 있어요.

3) 고향의 장례식 문화는 가족과 친척들이 모여 고인을 기리는 것이 특징이에요. 장례식은 보통 3일 동안 진행되며, 이 기간 동안 가족들은 고인의 명복을 빌어요. 또한, 흰색 옷을 입고 전통적인 의식을 따르는 것이 일반적이에요.

05 1) 한국 사람들은 도시에서 더 많은 일자리와 교육 기회를 가질 수 있기 때문에 농촌보다 도시에서의 거주를 선호해요. 또한, 도시에서는 의료 서비스와 생활 편의시설이 잘 갖춰져 있어 삶의 질이 높다고 느끼기 때문이에요. 문화와 여가 활동을 쉽게 즐길 수 있는 것도 도시 생활의 매력적인 요소 중의 하나예요.

2) 사람들이 농촌을 떠나면서 농촌에는 인구 감소와 고령화 문제가 심각해지고 있어요. 젊은 층이 도시로 이동하면서 농촌에는 노인 인구가 많아지고, 이로 인해 노동력 부족과 경제적 침체가 발생하고 있어요. 또한, 농촌 지역의 학교와 의료 시설이 축소되거나 폐쇄되는 경우도 많아지고 있어요.

3) 도시로 인구가 몰리면서 주택 부족과 교통 혼잡 문제가 심각해지고 있어요. 또한, 도시의 인구 밀도가 높아지면서 환경오염과 같은 문제도 발생하고 있어요. 이로 인해 도시 거주자들의 스트레스가 증가하고, 삶의 질이 낮아지는 경향이 있어요.

제4회 실전 모의고사

문제 185p

01	④	02	④	03	①	04	④	05	③	06	③	07	④	08	①	09	②	10	③
11	②	12	①	13	③	14	④	15	③	16	④	17	②	18	③	19	①	20	③
21	②	22	④	23	①	24	②	25	③	26	①	27	④	28	③	29	①	30	④
31	③	32	②	33	③	34	④	35	②	36	④	37	②	38	③	39	③	40	①
41	①	42	②	43	①	44	①	45	④	46	④	47	③	48	③				

49	얼마나 아름다운지 몰라요	50	(운동을) 하자고 해서요/운동하고 싶다고 해서요

01 ④
그림은 시계이다.

02 ④
이 그림에서 아픈 곳은 '허리'이다.

03 ①
'있다'의 반대되는 말은 '없다'이다.

04 ④
'확대'의 반대되는 말은 '축소'이다.
② 참석 – 불참
③ 성공 – 실패

05 ③
③ **진통제** : 통증을 느끼지 못하게 하는 약
① **소화제** : 소화가 잘 되도록 하는 약
② **해열제** : 열을 내리게 하는 약
④ **감기약** : 감기를 치료하는 데 쓰는 약

06 ③
도서관은 책을 읽고 빌리는 장소이다.

07 ④
높은 곳에서 떨어지면 팔을 다치는데 '다치다'와 바꾸어 사용할 수 있는 단어는 보기에서 '부러지다'이다.

08 ①
① **꼼꼼히** : 빈틈이 없이 차분하고 조심스러운 모양
② **대충** : 대강을 추리는 정도로
③ **가끔** : 시간적·공간적 간격이 얼마쯤씩 있게
④ **매우** : 보통 정도보다 훨씬 더

09 ②
가계부 : 집안 살림의 수입과 지출을 적는 장부

10 ③
③ **권** : 책을 세는 단위(시집 한 권, 잡지 두 권)
① **장** : 종이를 세는 단위(종이 한 장)
② **개** : 물건을 세는 단위(사탕 한 개, 사과 몇 개)
④ **잔** : 음료나 술을 그릇에 담아 세는 단위(우유 한 잔, 커피 두 잔, 술 석 잔)

11 ②
다양하다 : 색깔, 모양, 종류, 내용 등이 여러 가지로 많다.

12 ①
예매 : 물건을 받기 전에 미리 값을 치르고 사 두는 것

13 ③
'구사하다'는 말을 능숙하게 사용한다는 의미이

다. 그래서 '사용하다'와 비슷한 것은 ③이다.
④ '떠오르다'는 '생각이 나다'와 비슷하다.

14 ④

이 문제에서 '가볍다'는 중요하지 않다는 의미이다. '대수롭지 않다'도 중요하지 않다는 의미이므로 ④가 적절하다.

15 ③

③ 미영 씨는 사람이므로 '에게'를 사용한다.

16 ④

시간을 나타내는 명사 뒤에 '부터'나 '까지'를 사용할 수 있다. 이 대화에서 드라마가 마지막이냐고 질문했기 때문에 ④가 적절하다.

17 ②

② 요즘이란 단어가 있으므로 현재형인 '참여하는'이 들어가야 한다.
① 미래형, ③·④ 과거형

18 ③

-거든 : 상대방이 모르고 있을 내용을 가르쳐줌을 나타내는 종결 어미이다. 주로 자랑이나 감탄의 느낌을 갖고 있다.

19 ①

-은 채로 : 이미 있는 상태 그대로 있다는 뜻을 나타내는 말(예 옷을 입은 채로 물에 들어간다.)

20 ③

정도 : 사물의 성질이나 가치를 좋고 나쁨, 낮고 못한 따위에서 본 수준(예 중학생이 풀 정도의 문제 / 목숨을 걸 정도의 깊은 사랑)
-(으)로 : 어떤 사물에 대하여 생각하는 바임을 나타내는 격조사

21 ②

② 읽었다 → 읽을 것이다
'내일'이라는 어휘가 있으므로 미래 예정의 표현을 써야 한다.

22 ④

④ 놀곤 한다 → 놀곤 했다
어렸을 때의 일이므로 과거형으로 써야 한다.

23 ①

① 맛있으라고 했어요 → 맛있다고 했어요
'-(으)라고 하다'는 앞에 동사를 사용한다. 그래서 형용사인 '맛있다'는 사용할 수 없다.

24 ②

② 좋게 했어요 → 좋아 했어요
'-게 하다'는 동사를 사용한다. 그래서 형용사인 '좋다'를 사용할 수 없다. 그리고 '-게 하다'와 '게'는 다른 문법이다.

25 ③

이 문장은 동물들이 살아남기 힘든 조건을 이야기하고 있다. '-는 한'은 뒤의 행동이나 상태에 대한 조건을 나타낼 때 사용한다.

26 ①

이 문장은 어렸을 때의 경험을 이야기하고 있다. 과거에 자주 한 경험을 나타낼 때 '-곤 하다'를 사용한다.

27 ④

공장이 큰 피해를 입은 원인에 대해 이야기하고 있다. '-(으)로 인해'는 원인을 나타낼 때 사용한다.

28 ③

긴장을 해서 결혼식에서 대답을 잘 못했다는 내용이다. 앞의 행동 때문에 뒤의 상황이 생겼으므로 '-(으)ㄴ 나머지'를 사용한다.

29 ①

한국에서는 어버이날에는 감사의 뜻으로 부모님께 꽃(카네이션)을 드린다.

30 ④

오전과 오후에 할 일이 있으므로 하루가 바쁘다는 내용의 글이다.

31 ②

중고 용품을 이용하는 사람이 많다고 했으므로 그 이유인 '물가가 많이 올라서인지'가 들어가야 문맥의 흐름상 옳다.

32 ③

빈칸 앞에는 버스를 타고 학교에 간다고 했고, 빈칸 뒤에 한 번 갈아타야 한다고 했으므로 그 이유인 '그런데 학교까지 바로 가는 버스가 없습니다'가 들어가야 문맥의 흐름상 옳다.

33 ③

사망자(죽은 사람)와 부상자(다친 사람)가 없는 이유를 나타내는 것은 ③이다.

34 ④

④는 '불을 피우지 마시오'라는 표지판이다. 공원 이용 안내에는 없는 내용이다.

35 ②

부탁할 때 보통 '-아/어 주세요'와 '좀'을 사용한다. 아나 씨의 두 번째 대화에서 수업이 끝나면 오늘 숙제 좀 보내달라고 하였다. 따라서 아나 씨가 부탁한 것은 ② '숙제 보내기'이다.

36 ④

이 사람은 새로 산 바지의 디자인이 마음에 안 들어서 어제 옷 가게에 갔고 다른 디자인의 바지로 바꾸었다.

37 ②

앞의 내용은 업무를 소개하고 있고 처음 하는 사람도 쉽게 할 수 있다는 내용이 있다. 그리고 마지막에 '많은 지원 바랍니다'라는 문장이 있기 때문에 신입 직원을 모집하는 글이다.
③ 글에서 소개하는 업무는 판매가 아니다.

38 ③

이 글에서 처음 하는 사람도 쉽게 할 수 있다는 내용이 있기 때문에 경력이 없어도 이 일을 할 수 있다.

39 ③

세배를 하고 떡국을 먹는 것은 설날의 풍습이다.

40 ①

① 한옥 : 한국 전통 집
② 한과 : 한국 전통 과자
③ 한복 : 한국 전통 옷
④ 한지 : 한국 전통 종이

41 ①

한국을 대표하는 꽃은 무궁화이다.

42 ②

어린아이가 태어난 날로부터 한 해가 되는 날을 '돌'이라 하고, 이 날을 축하하기 위해 여는 잔치를 '돌잔치'라고 한다.

43 ①

이 문제는 속담의 의미를 알아야 풀 수 있다.
'낮말은 새가 듣고 밤말은 쥐가 듣는다, 호랑이도 제 말하면 온다'는 속담은 말할 때 조심하라는 의미가 있다.
'말이란 아 해 다르고 어 해 다르다, 입은 비뚤어져도 말은 바로 해라'는 속담은 말을 바르게 하라는 의미를 가지고 있다.

44 ①

이 글은 서로 조심하지 않아서 사고가 나는 경우가 많다는 내용이다. 그러므로 조심하고 신경쓰면 사고가 많이 나지 않는다는 내용이 들어가야 한다.

45 ④

④ 아줌마란 호칭은 결혼한 여성을 부르는 호칭이다.

회사 동료를 부를 때는 직급이 있는 경우 직급을 부르고, 직급이 없는 경우 ○○○씨라고 불러야 한다.

46 ④

이 문제는 국민건강보험에 대해서 알아야 풀 수 있다.

① 가입자는 소득이나 상황에 따라 보험료가 다르다.

② 개인의 의사와 관계없이 모두 가입해야 한다.

③ 건강보험에 가입하지 않으면 혜택을 받을 수 없다.

47 ③

한국의 절기에 대해서 모르면 문제를 풀 수 없다. 절기 중에서 봄의 시작을 나타내는 것은 '입춘'이므로 옳지 않은 것은 ③이다. '춘분'은 낮의 길이가 밤의 길이보다 길어지기 시작하는 날이다.

48 ③

온돌은 과거에 방을 따뜻하게 하는 역할을 했다. 현재 온돌처럼 방을 따뜻하게 하는 것은 '보일러'이다.

49 얼마나 아름다운지 몰라요

이 사람은 부산의 바다가 매우 아름답다는 것을 강조하여 이야기하고 있으므로 '얼마나 -(으)ㄴ지/는지 모르다'를 사용해서 그것을 강조할 수 있다.

50 (운동을) 하자고 해서요/운동하고 싶다고 해서요

이 대화는 친구가 함께 운동하고 싶다고 한 말을 전달하고 있다. 그래서 '-자고 하다', '-고 싶다고 하다'를 사용한다.

구술시험 ✦ 예시 대답

02
1) 이 사람은 친구와 함께 점심을 먹기 위해 식당에 갔어요.
2) 이 사람은 식당에서 약 20분 정도 기다렸어요. 식당이 유명해서 사람들이 많았기 때문에 기다려야 했어요.
3) 이 사람은 김치찌개하고 식혜를 먹었어요. 김치찌개는 매콤하고 뜨거워서 추운 날씨에 먹기에 딱 좋았어요. 그리고 식혜는 달콤했어요.

03
1) 친구가 한국에 온다면 저는 불고기를 대접해 주고 싶어요. 불고기는 달콤한 양념에 재운 고기를 구워 먹는 요리로, 처음 먹어 보는 사람도 쉽게 좋아할 수 있는 맛이에요. 또, 불고기는 한국의 전통적인 맛을 잘 느낄 수 있어서 좋다고 생각해요.
2) 고향의 대표적인 음식은 베이징덕(북경오리)이에요. 베이징덕은 오리의 껍질이 바삭하게 구워져 있어 고소한 맛이 특징이에요. 이 음식은 얇은 밀전병에 오리 고기와 채소를 싸서 먹는 방식으로, 중국 북부 지방에서 특히 유명해요.
3) 저는 홍어가 먹기 힘들어요. 홍어는 발효된 생선으로, 독특한 냄새와 맛 때문에 처음 먹는 사람에게는 어려운 음식이에요. 특히 그 강한 냄새에 적응하기 어려워서 아직도 먹기 힘들어요.

04 1) 한국에서는 태어난 지 60년이 되는 해에 '환갑잔치'라는 특별한 생일잔치를 열어요. 환갑잔치는 사람이 60년 동안 건강하게 살아온 것을 축하하는 의미가 있어요. 가족과 친척들이 모두 모여 크게 축하하고, 환갑을 맞은 사람의 건강과 장수를 기원하는 전통적인 행사예요.

2) 돌잡이에서 사용하는 물건에는 실, 돈, 연필(붓), 책 등이 있어요. 예를 들어, 아이가 연필(붓)을 잡으면 공부를 잘하고 학자가 될 것이라는 의미가 있어요. 연필(붓)은 전통적으로 지식과 학문을 상징하는 물건으로, 아이가 지혜로운 사람으로 자라기를 바라는 마음이 담겨 있어요.

3) 제 고향에서는 아이가 태어난 지 100일이 되었을 때 '백일잔치'를 열어요. 백일잔치는 아이가 무사히 100일을 맞이한 것을 축하하며 가족들이 모여 음식을 나누는 행사예요. 이 날에는 특별히 삶은 계란과 붉은 팥으로 만든 음식을 준비해 이웃들과 나누며, 아이의 건강과 행복을 기원해요.

05 1) 집 근처에는 국민은행과 신한은행이 있어요. 그곳에서는 계좌를 개설하고, 돈을 송금하거나 환전할 수 있어요. 또한, 대출 상담을 받거나 공과금을 납부할 수도 있어요.

2) 인터넷 뱅킹의 장점은 언제 어디서나 쉽게 계좌를 관리할 수 있고, 빠르고 간편하게 돈을 송금할 수 있다는 점이에요. 하지만 단점은 보안 문제가 있을 수 있어서 해킹이나 금융 사기에 노출될 위험이 있다는 점이에요.

3) 금융 사기를 예방하려면, 먼저 출처가 불명확한 이메일이나 메시지에 있는 링크를 클릭하지 않아야 해요. 그리고 비밀번호를 자주 변경하고, 인증을 강화하는 것이 중요해요. 또한, 공인된 보안 프로그램을 설치하여 개인 정보를 보호하는 것도 필요해요.

제5회 실전 모의고사

문제 202p

01	④	02	①	03	②	04	③	05	③	06	①	07	②	08	①	09	②	10	④
11	③	12	④	13	④	14	④	15	①	16	②	17	②	18	③	19	①	20	③
21	③	22	③	23	②	24	①	25	②	26	①	27	③	28	④	29	③	30	①
31	③	32	④	33	④	34	②	35	④	36	③	37	③	38	④	39	①	40	④
41	④	42	④	43	③	44	④	45	④	46	④	47	②	48	④				
49	부딪힐 뻔했어요									50	잘하는 척했어요								

01 ④

그림은 수박인데, 수박은 과일에 속한다.

02 ①

커피나 음료 등을 마시면서 이야기할 수 있는 곳은 카페이다.

03 ②

'걸리는 시간이 짧다'는 의미의 '빨라요'의 반대는 '걸리는 시간이 길다'의 의미인 '느려요'이다.

04 ③

'일찍'의 반대는 '늦게'이다.

05 ③

눈으로 만들 수 있는 것은 눈사람이다.
눈사람 : 눈을 뭉쳐서 사람 모양으로 만든 것

06 ①

사진과 함께 사용할 수 있는 동사는 '찍다'이다.

07 ②

책을 읽을 수 없는 이유가 되는 것은 '어려워서'이다.
①과 ③은 명사 '책'과 함께 사용하지 않는 형용사이다.

08 ①

아파서 숙제를 할 수 없는 상황이므로 모두 하지 못했다는 의미의 '전혀'가 적절하다.
'설마'와 '아마'는 추측의 의미이므로 이 문장과 어울리지 않는다.
숙제를 못한 것은 어제이기 때문에 '항상'도 사용할 수 없다.

09 ②

② 한국어 공부에 도움이 되도록 적합한 책을 소개받았다는 의미이므로 '추천'이 들어가야 한다.

10 ④

④ 시장과 같이 많은 사람들이 한곳에 모여 매우 수선스럽고 복잡한 것을 '북적인다'라고 말한다.

11 ③

③ '어제'는 과거이므로 빈칸에는 이와 어울리는 '만난'이 들어가야 한다.
①·④ '있을'과 '만날'은 과거가 아닌 미래를 나타내므로 거리가 멀다.
② '오고 있는'은 현재를 나타내므로 답이 될 수 없다.

12 ④

④ 서류를 작성할 때는 꼼꼼히 확인을 하면서 정확하게 작성해야 나중에 문제가 생기지 않는다.

13 ④

④ '걱정하다'와 의미가 비슷한 것은 '근심하거나 걱정하다'의 의미를 가진 '우려하다'이다.

14 ④

④ 여기서는 윗사람이 세상을 떠났기 때문에 이런 의미를 가진 '별세하다'가 적절하다.

15 ①

'타고 가다' 앞에는 '을/를'을 사용한다.
질문이 '뭐(무엇을) 타고 가요?'이기 때문에 ①이 들어가야 한다.

16 ②

일요일이 되면 등산을 가기 때문에 '마다'를 사용한다.

17 ②

두 손으로 전달한다는 의미의 '드려야 돼요'가 가장 알맞다.

18 ③

무언가 다른 것을 하고 있을 때 또 다른 일을 부탁할 땐 '~ 하는 동안'이 적절하다.

19 ①

'들어오세요'에 대해 '알았어요'라고 답했으므로 빈칸에는 들어온다는 말이 필요하다. 따라서 빈칸에는 '들어올게요'가 가장 적절하다.

20 ③

구청에 가야 한다고 했으므로 이미 일이 처리된 게 아니라 앞으로 진행될 예정이므로, 미래형이 와야 한다. 따라서 빈칸에는 미래형인 '도와줄 텐데'가 들어가야 한다.

①은 이미 지난 걸 말하는 과거형에 맞다.
②·④는 문맥상 맞지 않다.

21 ③

③ 먹으러 → 먹으려고

'먹으러'는 먹기 위해 어디를 가거나 오거나 하는 동작의 목적을 나타낼 때 사용하는데, 김밥을 만들어서 가족과 같이 먹겠다는 의미이므로 '먹으려고'로 고쳐야 한다.

22 ③

③ 까다로운 → 좋은

'까다로운'은 긍정적인 면보다는 부정적인 면이 강하므로 문장과 잘 어울리지 않는다.

23 ②

② 따뜻해 놓았어요 → 데워 놓았어요, 따뜻하게 해 놓았어요.

데우다 : 찬 것을 따뜻하게 하다.

24 ①

① 밝으려던 참이에요 → 밝히려던 참이에요

25 ②

시간이 지나면서 사람들이 많아지기 때문에 어떤 상황이 더 심해질 때 뒤의 내용도 바뀌는 '-(으)ㄹ수록'이 적절하다.

26 ①

이 문장은 낮잠을 자고 나서 피곤한 것이 조금 없어진 것을 말한다. 자신이 직접 경험한 것이 시간이 지나서 바뀌었을 때 사용하는 '-았/었더니'가 적절하다.

27 ③

케이팝을 좋아하는데 얼마나 좋아하는지를 정도를 나타내는 '-(으)ㄹ 정도로'가 들어가야 한다.

28 ④

상대가 TV에서 본 것을 근거로 하여 이야기하고 있다. 그래서 이 문장에 사용할 수 있는 것은 듣는 사람이 이미 알고 있는 것과 같음을 나타내는 '-다시피'이다.

29 ③

이 글을 쓴 사람은 결혼식의 손님인 하객이다. 피로연은 결혼식이 끝난 후 결혼을 알리기 위해 베푸는 연회로 하객이 참석한다.
①·②는 신랑과 신부가 하는 것이다.
④는 예식이 시작하기 전부터 한다.

30 ①

이것은 카나 씨가 고향에 돌아가서 하는 것이다. 그리고 식당에서 하고 선물도 준비하므로 '모임'이 된다.

31 ③

생각보다 많이 먹어 배가 많이 불렀으므로 빈칸에는 '너무 불렀습니다'가 들어가야 한다.

32 ④

각자 생활을 하다가 캠핑과 같은 가족 모두가 즐길 수 있는 자리를 통해 가족 간의 사랑을 키워야 한다는 내용이다. 따라서 빈칸에는 가족들이 함께 즐길 수 있는 시간이 있었으면 한다는 내용이 들어가야 한다.

33 ④

법을 위반하면 다른 사람에게 피해를 줄 수 있기 때문에 '법을 위반하지 않으려는 노력'이 필요하다.

34 ②

②는 '요리를 하지 마세요'라는 의미의 표지판이다. 공연장 이용 안내에 없는 내용이다.

35 ④

금융 업무는 16시 30분까지, 다시 말해 오후 4시 30분까지이다. 따라서 오후 5시에는 금융 업무를 볼 수 없다.

36 ③

이 사람은 잃어버린 외국인등록증을 다시 받으려고 출입국외국인청에 갔다.

37 ③

사람이 살아가는 데 꼭 필요한 소금은 몇 가지 음식이나 기호 식품을 제외하고는 모든 음식에 넣는다. 따라서 빈칸에는 '소금을 넣는다'가 들어가야 한다.

38 ④

소금은 음식 본래의 맛과 어울려 맛을 향상시키는 작용을 한다.

39 ①

보기 중에서 서울에 있는 시장은 '통인 시장'이다.

40 ④

도로명 주소는 도로명, 건물 번호 및 상세주소로 되어 있다.

41 ④

한국의 전통적인 난방 방법은 온돌이다. 온돌은 오래 전부터 한국의 생활환경에 맞게 발전한 독특한 난방법이다.

42 ④

이모티콘은 문자와 기호, 숫자 등을 조합하여 만든 그림 문자로 감정이나 느낌을 전달할 때 사용한다.

43 ③

피해를 입은 소비자들의 문제 해결을 도와주는 곳이 소비자 상담센터이다. 그리고 전문상담원이 그들의 상담을 도와준다.

44 ④

공유주택은 주거비를 절약할 수 있는 주거 형태이므로 주거비를 절감할 수 있는 것이 장점이다.

45 ④

임대차 계약 후 확정일자를 받아야 보증금에 대한 권리가 타 권리에 비해 우선순위가 되어 문제가 발생할 경우 보장받는 데 유리해진다. 따라서 계약서를 가지고 등기소에서 받거나, 주민센터에 전입신고를 하면서 동시에 확정일자를 받을 수 있다.

46 ④

강릉 단오제는 단오 전후에 강원도 강릉 지방에서 행하는 마을굿이다. 풍년을 빌고 재앙을 쫓기 위하여 굿을 올리며 각종 민속놀이도 한다. 2005년에 유네스코 세계 무형 유산으로 지정되었다.

47 ②

평생 교육은 가정, 학교, 사회에서 모든 생애에 걸쳐 이루어져야 한다는 것으로 학교 교육을 끝낸 사회인도 대상으로 하고 있다.

48 ④

이곳의 회원이 돼야 최신 소식을 받아 볼 수 있으므로 '회원 가입'을 해야 한다.

49 부딪힐 뻔했어요

이 대화에서 지훈 씨는 사고가 나지 않았지만 그렇게 될 수 있었다. 그래서 어떤 일이 생기지 않았지만 거의 그렇게 될 수 있었다는 것을 나타내는 '-(으)ㄹ 뻔하다'를 사용한다.

50 잘하는 척했어요

이 사람은 처음에는 한국어를 못 했는데 잘하는 것처럼 행동을 했다. 그래서 앞의 행동이나 상태를 거짓으로 꾸며 나타내는 '-(으)ㄴ/는 척하다'를 사용한다.

구술시험 ✦ 예시 대답

02　1) 한국의 봄은 날씨가 따뜻하고, 가을은 조금 쌀쌀해요.

　2) 한국 사람들은 여름에 덥고 습한 날씨를 피하기 위해 바다나 산으로 피서를 가요.

　3) 겨울에 눈이 자주 내려서 한국 사람들은 스키나 스노보드 같은 겨울 스포츠를 즐겨요.

03　1) 저는 겨울을 좋아해요. 겨울에 첫눈이 내리면 마음이 설레고, 따뜻한 옷을 입고 밖에서 산책하는 것이 정말 즐거워요. 또, 겨울에는 따뜻한 음식을 먹으면서 가족들과 시간을 보내면 행복을 느낄 수 있어서 좋아해요.

　2) 저는 너무 더운 날씨를 싫어해요. 특히 여름의 더운 날씨를 싫어해요. 더우면 땀이 많이 나고, 밖에 나가기도 힘들어서 불편해요. 특히 여름 밤에도 더워서 잠을 잘 못 잘 때가 많아서 싫어해요.

　3) 저는 여름에 설악산으로 휴가를 가고 싶어요. 산은 공기가 맑고, 나무 그늘 아래에 있으면 시원하게 쉴 수 있어요. 그리고 설악산 정상에 오르면 바다도 볼 수 있는데, 자연경관을 보고 있으면 스트레스도 풀리고 건강에도 좋아서 설악산으로 가고 싶어요.

04　1) 제가 가장 많이 사용하는 생활비는 식비예요. 매일 식사를 해야 하기 때문에 식비가 가장 많이 들어요. 특히 일 때문에 바빠서 외식을 하거나 간식을 자주 사 먹기 때문에 식비가 많이 나가요. 요즘에는 전보다 물가가 올라서 처음 한국에 왔을 때보다 식비 지출이 더 느는 것 같아요.

　2) 저는 생활비를 아끼기 위해 집에서 음식을 직접 만들어 먹거나 불필요한 전기 사용을 줄이기 위해 사용하지 않는 전자기기는 꼭 끄고,

에너지 효율이 높은 제품을 사용해요. 그리고 대중교통을 이용해서 교통비를 줄이고 있어요. 이 중에서 가장 효과적인 방법은 음식을 집에서 직접 만들어 먹는 것이에요. 생활비 중에서 식비를 가장 많이 사용하는데 외식이나 배달 음식을 줄이면 식비를 크게 절약할 수 있어요.

3) 제 고향인 중국 하얼빈에서는 다오와이 시장(道外市场)에서 물건을 싸게 살 수 있어요. 다오와이 시장에는 다양한 상점들이 모여 있어서 여러 가지 물건을 저렴하게 구매할 수 있어요. 특히, 시장에서 가격을 흥정할 수 있는 기회가 많기 때문에, 조금 더 싸게 물건을 살 수 있어요.

05 1) 한국의 교육열이 높은 이유는 좋은 대학에 진학하는 것이 성공적인 사회 진출의 중요한 요소로 여겨지기 때문이에요. 부모들은 자녀가 좋은 교육을 받아서 더 나은 기회를 가지기를 원해요. 또한, 교육을 통해서 높은 사회적 지위를 얻을 수 있다는 생각이 강해요.

2) 교육열로 인한 가장 큰 문제는 학생들이 과도한 학업 스트레스를 받고 있는 것이에요. 이로 인해 학생들은 자유 시간이 부족하고, 정서적 불안과 피로를 겪기도 해요. 그래서 자살을 선택하는 학생들도 있어요. 또한, 사교육비가 증가해 가계 부담이 커지는 문제도 있어요.

3) 교육열로 인한 문제를 해결하기 위해서는 공교육의 질을 높여 사교육 의존도를 줄이는 것이 중요해요. 또한, 학생들의 학업 부담을 줄이고, 다양한 진로를 선택할 수 있도록 교육 시스템을 개선해야 해요. 부모들도 자녀의 적성과 관심을 존중하며, 균형 있는 삶을 살 수 있도록 지원하는 것이 필요해요.

KIIP
사회통합
프로그램
사전평가

OMR 카드 견본 (필기시험 답안지)

사회통합프로그램 기본소양 평가답안지(□사전평가, □중간평가, □종합평가)

※ 감독자만 기재하십시오.

| 외 국 인 등 록 번 호 | | | | | | | — | | | | | | |

시험지 유형

Ⓐ
Ⓑ

응 시 이 름

객 관 식

| 1 | 2 | 3 | 4 | 5 | 6 | 7 | 8 | 9 | 10 |
| ① ② ③ ④ | ① ② ③ ④ | ① ② ③ ④ | ① ② ③ ④ | ① ② ③ ④ | ① ② ③ ④ | ① ② ③ ④ | ① ② ③ ④ | ① ② ③ ④ | ① ② ③ ④ |

| 11 | 12 | 13 | 14 | 15 | 16 | 17 | 18 | 19 | 20 |
| ① ② ③ ④ | ① ② ③ ④ | ① ② ③ ④ | ① ② ③ ④ | ① ② ③ ④ | ① ② ③ ④ | ① ② ③ ④ | ① ② ③ ④ | ① ② ③ ④ | ① ② ③ ④ |

| 21 | 22 | 23 | 24 | 25 | 26 | 27 | 28 | 29 | 30 |
| ① ② ③ ④ | ① ② ③ ④ | ① ② ③ ④ | ① ② ③ ④ | ① ② ③ ④ | ① ② ③ ④ | ① ② ③ ④ | ① ② ③ ④ | ① ② ③ ④ | ① ② ③ ④ |

| 31 | 32 | 33 | 34 | 35 | 36 | 37 | 38 | 39 | 40 |
| ① ② ③ ④ | ① ② ③ ④ | ① ② ③ ④ | ① ② ③ ④ | ① ② ③ ④ | ① ② ③ ④ | ① ② ③ ④ | ① ② ③ ④ | ① ② ③ ④ | ① ② ③ ④ |

| 41 | 42 | 43 | 44 | 45 | 46 | 47 | 48 |
| ① ② ③ ④ | ① ② ③ ④ | ① ② ③ ④ | ① ② ③ ④ | ① ② ③ ④ | ① ② ③ ④ | ① ② ③ ④ | ① ② ③ ④ |

49	⓪ ① ② ③ ④ ⑤
50	⓪ ① ② ③ ④ ⑤
구술형 점수	⓪ ① ② ③
감독 서명	⓪ ① ② ③ ④ ⑤ ⑥ ⑦ ⑧ ⑨

문 50

문 49

사회통합프로그램 기본소양 평가답안지(□사전평가, □중간평가, □종합평가)

외국인등록번호

시험지 유형   Ⓐ   Ⓑ

응시 이름

객 관 식

※ 감독자만 기재하십시오.

49

50

구술형 점수

감독관 서명

문 50

문 49

OMR 카드 견본 (필기시험 답안지)

외국인등록번호

시험지유형	Ⓐ Ⓑ

문항이름

객 관 식

※ 감독자만 기재하십시오.

49	50	구술형점수	감독서명

문 50

문 49

OMR 카드 견본 (필기시험 답안지)

※ 감독자만 기재하십시오.

외국인등록번호

| | ⑨ ⑧ ⑦ ⑥ ⑤ ④ ③ ② ① ⓪ |

사용지역

Ⓐ Ⓑ

응시이름

객관식

번호	①	②	③	④
1	①	②	③	④
2	①	②	③	④
3	①	②	③	④
4	①	②	③	④
5	①	②	③	④
6	①	②	③	④
7	①	②	③	④
8	①	②	③	④
9	①	②	③	④
10	①	②	③	④
11	①	②	③	④
12	①	②	③	④
13	①	②	③	④
14	①	②	③	④
15	①	②	③	④
16	①	②	③	④
17	①	②	③	④
18	①	②	③	④
19	①	②	③	④
20	①	②	③	④
21	①	②	③	④
22	①	②	③	④
23	①	②	③	④
24	①	②	③	④
25	①	②	③	④
26	①	②	③	④
27	①	②	③	④
28	①	②	③	④
29	①	②	③	④
30	①	②	③	④
31	①	②	③	④
32	①	②	③	④
33	①	②	③	④
34	①	②	③	④
35	①	②	③	④
36	①	②	③	④
37	①	②	③	④
38	①	②	③	④
39	①	②	③	④
40	①	②	③	④
41	①	②	③	④
42	①	②	③	④
43	①	②	③	④
44	①	②	③	④
45	①	②	③	④
46	①	②	③	④
47	①	②	③	④
48	①	②	③	④

49	⓪ ① ② ③ ④ ⑤
50	⓪ ① ② ③ ④ ⑤
구술형점수	⓪ ① ② ③
감독자서명	⓪ ① ② ③ ④ ⑤ ⑥ ⑦ ⑧ ⑨

문 50

문 49

OMR 카드 견본 (필기시험 답안지)

사회통합프로그램 기본소양 평가답안지(□ 사전평가, □ 중간평가, □ 종합평가)

외국인등록번호

응시 유형

시험 장소

Ⓐ   Ⓑ

응시자 이름

객관식

문번	1	2	3	4
1	①	②	③	④
2	①	②	③	④
3	①	②	③	④
4	①	②	③	④
5	①	②	③	④
6	①	②	③	④
7	①	②	③	④
8	①	②	③	④
9	①	②	③	④
10	①	②	③	④
11	①	②	③	④
12	①	②	③	④
13	①	②	③	④
14	①	②	③	④
15	①	②	③	④
16	①	②	③	④
17	①	②	③	④
18	①	②	③	④
19	①	②	③	④
20	①	②	③	④
21	①	②	③	④
22	①	②	③	④
23	①	②	③	④
24	①	②	③	④
25	①	②	③	④
26	①	②	③	④
27	①	②	③	④
28	①	②	③	④
29	①	②	③	④
30	①	②	③	④
31	①	②	③	④
32	①	②	③	④
33	①	②	③	④
34	①	②	③	④
35	①	②	③	④
36	①	②	③	④
37	①	②	③	④
38	①	②	③	④
39	①	②	③	④
40	①	②	③	④
41	①	②	③	④
42	①	②	③	④
43	①	②	③	④
44	①	②	③	④
45	①	②	③	④
46	①	②	③	④
47	①	②	③	④
48	①	②	③	④

※ 감독자만 기재하십시오.

| 49 | ⓪ | ① | ② | ③ | ④ | ⑤ |
| 50 | ⓪ | ① | ② | ③ | ④ | ⑤ |

구술형 점수

감독 서명

| 법무부 주관 | 사회통합프로그램 공인 교재 반영 |

최신 개정판

사회통합프로그램 사전평가
한권으로 합격하기

인 쇄	2025년 3월 5일
발 행	2025년 3월 10일
편 저 자	사회통합프로그램연구회
발 행 인	최현동
발 행 처	신지원
주 소	07532 서울특별시 강서구 양천로 551-17, 813호(가양동, 한화비즈메트로 1차)
전 화	(02) 2013-8080
팩 스	(02) 2013-8090
등 록	제16-1242호
교재구입문의	(02) 2013-8080~1

정가　16,000원
ISBN　979-11-6633-520-4 13300